U0121097

朱自清 著

半亩方塘

朱自清谈读书

中国文史出版社

百年中国记忆书系

总策划、主编

刘未鸣

副主编

唐柳成　张剑荆　段敏

百年中国记忆·名家谈读书丛书

主编

段敏　张春霞

责任编辑

（按姓氏笔画排序）

牛梦岳　高贝　张春霞

目 录

第一章　读书知味
——书趣与书论

第二章　开卷有益
——感悟与心得

第三章　读书指导（上）
——精读指导举隅

第四章　读书指导（下）
——略读指导举隅

读书知味
——书趣与书论

买 书

　　买书也是我的嗜好，和抽烟一样。但这两件事我其实都不在行，尤其是买书。在北平这地方，像我那样买，像我买的那些书，说出来真寒碜死人；不过本文所要说的既非诀窍，也算不得经验，只是些小小的故事，想来也无妨的。

　　在家乡中学时候，家里每月给零用一元。大部分都报效了一家广益书局，取回些杂志及新书。那老板姓张，有点儿抽肩膀，老是捧着水烟袋；可是人好，我们不觉得他有市侩气。他肯给我们这班孩子记账。每到节下，我总欠他一元多钱。他催得并不怎么紧；向家里商量商量，先还个一元也就成了。那时候最爱读的一本《佛学易解》（贾丰臻著，中华书局印行）就是从张手里买的。那时候不买旧书，因为家里有。只有一回，不知哪儿来检《文心雕龙》的名字，急着想看，便去旧书铺访求：有一家拿出一部广州套版的，要一元钱，买不起；后来另买到一部，书品也还好，纸墨差些，却只花了小洋三角。这部书还在，两三年前给换上了磁青纸的皮儿，却显得配不上。

到北平来上学入了哲学系，还是喜欢找佛学书看。那时候佛经流通处在西城卧佛寺街鹫峰寺。在街口下了车，一直走，快到城根儿了，才看见那个寺。那是个阴沉沉的秋天下午，街上只有我一个人。到寺里买了《因明入正理论疏》《百法明门论疏》《翻译名义集》等。这股傻劲儿回味起来颇有意思；正像那回从天坛出来，挨着城根，独自个儿，探险似的穿过许多没人走的碱地去访陶然亭一样。在毕业的那年，到琉璃厂华洋书庄去，看见新版韦伯斯特大字典，定价才十四元。可是十四元并不容易找。想来想去，只好硬了心肠将结婚时候父亲给做的一件紫毛（猫皮）水獭领大氅亲手拿着，走到后门一家当铺里去，说当十四元钱。柜上人似乎没有什么留难就答应了。这件大氅是布面子，土式样，领子小而毛杂——原是用了两副"马蹄袖"拼凑起来的。父亲给做这件衣服，可很费了点张罗。拿去当的时候，也踌躇了一下，却终于舍不得那本字典。想着将来准赎出来就是了。想不到竟不能赎出来，这是直到现在翻那本字典时常引为遗憾的。

重来北平之后，有一年忽然想搜集一些杜诗。一家小书铺叫文雅堂的给找了不少，都不算贵；那伙计是个麻子，一脸笑，是铺子里少掌柜的。铺子靠他父亲支持，并没有什么好书；去年他父亲死了，他本人不大内行，让伙计吃了，现在长远不来了，他不知怎么样。说起杜诗，有一回，一家书铺送来高丽本《杜律分韵》，两本书，索价三百元。书极不相干而索价如此之高，荒谬之至，况且书面上原购者明明写着"以银二两得之"。第二天另一家送来一样的书，只要二元钱，我立刻买下。北平的书价，离奇有如此者。

旧历正月里厂甸的书摊值得看，有些人天天巡礼去。我住得远，每年只去一个下午——上午摊儿少。土地祠内外人山人海摩肩接踵地来往。也买过些零碎东西，其中有一本是《伦敦竹枝词》，花了三毛钱。买来以后，恰好《论语》要稿子，选抄了些寄去，加上一点说明，居然得着五元稿费。这是仅有的一次，买的书赚了钱。

在伦敦的时候，从寓所出来，走过近旁小街。有一家小书店门口摆着一架旧书。上前去徘徊了一下，看见一本《牛津书话选》(The Book Lovers' Anthology)，烫花布面，装订不马虎，四百多面，本子也不小，准有七八成新，才一先令六便士，那时合中国一元三毛钱，比东安市场旧洋书还贱些。这选本节录许多名家诗文，说到书的各方面的；性质有点像叶德辉氏《书林清话》，但不像《清话》有系统；他们旨趣原是两样的。因为买这本书，结识了那掌柜的；他以后给我找了不少便宜的旧书。有一种书，他找不到旧的，便和我说，他们批购新书按七五扣，他愿意少赚一扣，按九扣卖给我。我没有要他这么办，但是很感谢他的好意。

三 家 书 店

伦敦卖旧书的铺子，集中在切林克拉斯路（Charing Cross Road）；那是热闹地方，顶容易找。路不宽，也不长，只这么弯弯的一段儿；两旁不短的是书，玻璃窗里齐整整排着的，门口摊儿上乱哄哄摆着的，都有。加上那徘徊在窗前的，围绕着摊儿的，看书的人，到处显得拥拥挤挤，看过去路便更窄了。摊儿上看最痛快，随你翻，用不着"劳驾""多谢"；可是让风吹日晒的到底没什么好书，要看好的还得进铺子去。进去了有时也可随便看，随便翻，但用得着"劳驾""多谢"的时候也有；不过爱买不买，绝不至于遭白眼。说是旧书，新书可也有的是；只是来者多数为的旧书罢了。

最大的一家要算福也尔（Foyle），在路西；新旧大楼隔着一道小街相对着，共占七号门牌，都是四层，旧大楼还带地下室——可并不是地窖子。店里按着书的性质分二十五部；地下室里满是旧文学书。这爿店二十八年前本是一家小铺子，只用了一个店员；现在店员差不多到了二百人，藏书到了二百万种，伦敦的《晨报》称为"世界最大的新旧书店"。两边店门口也摆着书摊儿，可是比别家的大。我的一本《袖珍欧洲指南》，就在这儿从那穿了满染着书尘的工作衣的店员手里，用半价买到的。在摊儿上翻书的时候，往往看不见店员的影子；等到选好了书四面找他，他却从不知哪一个角落里钻出来了。但最值得流连的还是那间地下室；那儿有好多排书架子，地上还东一堆西一堆的。乍进去，好像掉在书海里；慢慢地才找出道儿来。屋里不够亮，土又多，离窗户远些的地方，白日也得开灯。可是看得自在；他们是早七点到晚九点，你待个几点钟不在乎，一天去几趟也不在乎。只有一件，不可着急。你得像逛庙会逛小市那样，一半玩儿，一半当真，翻翻看看，看看翻翻；也许好几回碰不见一本合意的书，也许霎时间到手了不止一本。

开铺子少不了生意经，福也尔的却颇高雅。他们在旧大楼的四层上留出一间美术馆，不时地展览一些画。去看不花钱，还送展览目录；目录后面印着几行字，告诉你要买美术书可到馆旁艺术部去。展览的画也并不坏，有卖的，有不卖的。他们又常在馆里举行演讲会，讲的人和主席的人当中，不缺少知名的。听讲也不用花钱；只每季的演讲程序表下，"恭请你注意组织演讲会的福也尔书店"。还有所谓文学午餐会，记得也在馆里。他们请一两个小名人做主角，随便谁，纳了餐费便可加入；英国的午餐很简单，费不会多。假使有闲工夫，去领略领略那名隽的谈吐，倒也值得的，不过去的却并不怎样多。

牛津街是伦敦的东西通衢，繁华无比，街上呢绒店最多；但也有一家大书铺，叫作彭勃思（Bumpus）的便是。这铺子开设于一七九〇年左右，原在别处；一八五〇年在牛津街开了一个分店，十九世纪末便全挪到那边去了，维多利亚时代，店主多马斯彭勃思很通声气，来往的有选更斯，兰姆，麦考莱，威治威斯等人；铺子就在这时候出了名。店后本连着旧法院，有看守所、守卫室等，十几年来都让店里给买下了。这点古迹增加了人对于书店的趣味。法院的会议圆厅现在专作书籍展览会之用；守卫室陈列插图的书，看守所变成新书的货栈。但当日的光景还可从一些画里看出：如十八世纪罗兰生（Rowlandson）所画守卫室内部，是晚上各守卫提了灯准备去查监的情形，瞧着很忙碌的样子。再有一个图，画的是一七二九的一个守卫，神气够凶的。看守所也有一幅画，砖砌的一重重大拱门，石板铺的地，看守室的厚木板门严严锁着，只留下一个小方窗，还用十字形的铁条界着；真是铜墙铁壁，插翅也飞不出去。

这家铺子是五层大楼，却没有福也尔家地方大。下层卖新书，三楼卖儿童书，外国书，四楼五楼卖廉价书；二楼卖绝版书，难得的本子，精装的新书，还有《圣经》，祈祷书，书影等等，似乎是菁华所在。他们有初印本、精印本、著者自印本、著者签字本等目录，搜罗甚博，福也尔家所不及。新书用小牛皮或摩洛哥皮（山羊皮——羊皮也可仿制）装订，烫上金色或别种颜色的立体派图案；稀疏的几条平直线或弧线，还有"点儿"，错综着配置，透出干净，利落，平静，显豁，看了心目清朗。装订的书，数这儿讲究，别家书店里少见。书影是仿中世纪的抄本的一叶，大抵是祷文之类。中世纪抄本用黑色花体字，文首第一字母和叶边空处，常用蓝色金色画上各样花饰，典丽崔皇，穷极工巧，而又经久不变；仿本自然说不上这些，只取其也有一点古色古香罢了。

一九三一年里，这铺子举行过两回展览会，一回是剑桥书籍展览，一回是近代插图书籍展览，都在那"会议厅"里。重要的自然是第一回。牛津剑桥是英国最著名的大学；各有印刷所，也都著名。这里从前展览过牛津书籍，现在再展览剑桥的，可谓无遗憾了。这一年是剑桥目下的辟特印刷所（The Pitt Press）奠基百年纪念，展览会便为的庆祝这个。展览会由鼎鼎大名的斯密兹将军（General Smuts）开幕，到者有科学家詹姆士金斯（James Jeans），亚特爱丁顿（Arthur Eddington），还有别的人。展览分两部，现在出版的书约莫四千册是一类，另一类是历史部分。剑桥的书字型清晰，墨色匀称，行款合式，书扉和书衣上最见功夫；尤其擅长的是算学书，专门的科学书。这两种书需要极精密的技巧，极仔细的校对；剑桥是第一把手。但是这些东西，还有他们印的那些冷僻的外国语书，都卖得少，赚不了钱。除了是大学印刷所，别家大概很少愿意承印。剑桥又承印《圣经》；英国准印《圣经》的只剑桥牛津和王家印刷人。斯密兹说剑桥就靠《圣经》和教科书赚钱。可是

《泰晤士报》社论中说现在印《圣经》的责任重大，认真地考究地印，也只能够本罢了。——一五八八年英国最早的《圣经》便是由剑桥承印的。

英国印第一本书，出于伦敦威廉·甲克司登（William Caxton）之手，那是一四七七年。到了一五二一年，约翰·席勃齐（John Siberch）来到剑桥，一年内印了八本书，剑桥印刷事业才创始。八年之后，大学方面因为有一家书纸店与异端的新教派勾结，怕他们利用书籍宣传，便呈请政府，求英王核准在剑桥只许有三家书铺，让他们宣誓不卖未经大学检查员审定的书。那时英王是亨利第八；一五三四年颁给他们敕书，授权他们选三家书纸店兼印刷人，或书铺，"印行大学校长或他的代理人等所审定的各种书籍"。这便是剑桥印书的法律根据。不过直到一五八三年，他们才真正印起书来。那时伦敦各家书纸店有印书的专利权，任意抬高价钱。他们妒忌剑桥印书，更恨的是卖得贱。恰好一六二〇年剑桥翻印了他们一本文法书，他们就在法庭告了一状。剑桥师生老早不乐意他们抬价钱，这一来更愤愤不平；大学副校长第二年乘英王詹姆士第一上新市场去，半路上就递上一件呈子，附了一个比较价目表。这样小题大做，真有些书呆子气。王和诸大臣商议了一下，批道，我们现在事情很多，没工夫讨论大学与诸家书纸店的权益；但准大学印刷人出售那些文法书，以救济他的支绌。这算是碰了个软钉子，可也算是胜利。那呈子，那批，和上文说的那本《圣经》都在这一回展览中。席勃齐印的八本书也有两种在这里。此外还有一六二九年初印的定本《圣经》，书扉雕刻繁细，手艺精工之极。又密尔顿《力息达斯》（Lycidas）的初本也在展览着，那是经他亲手校改过的。

近代插图书籍展览，在圣诞节前不久，大约是让做父母的给孩子们多买点节礼吧。但在一个外国人，却也值得看看。展览的是七十年来的作品，虽没有什么系统，在这里却可以找着各种美，各种趋势。插图与装饰画不一样，得吟味原书的文字，透出自己的机锋。心要灵，手要熟，二者不可缺一。或实写，或想象，因原书情境，画人性习而异。——童话的插图却只得凭空着笔，想象更自由些；在不自由的成人看来，也许别有一种滋味。看过赵译《阿丽思漫游奇境记》里谭尼尔（John Tenniel）的插画的，当会有同感吧。——所展览的，幽默，秀美，粗豪，典重，各擅胜场，琳琅满目；有人称为"视觉的音乐"，颇为近之。最有味的，同一作家，各家插画所表现的却大不相同。譬如莪默伽亚谟（Omar Khayyam），莎士比亚，几乎在一个人手里一个样子；展览会里书多，比较着看方便，可以扩充眼界。插图有"黑白"的，有彩色的；"黑白"的多，为的省事省钱。就黑白画而论，从前是雕版，后来是照相；照相虽然精细，可是失掉了那种生力，只要拿原稿对看就会觉出。这儿也展览原稿，或是灰笔画，或是水彩画；不但可以"对看"，也可以让那些艺术家更和我们接近些。《观察报》记者记这回展览会，说插图的书，字往往印得特别大，意在和谐；却实在不便看。他主张书与图分开，字还照寻常大小印。他自然指大本子而言。但那种"和谐"其实也可爱；若说不便，这种书原是让你慢慢玩赏的，哪能像读报一样目下数行呢？再说，将配好了的对儿生生拆开，不但大小不称，怕还要多花钱。

诗籍铺（The Poetry Bookshop）真是米米小，在一个大地方的一道小街上。"叫名"街，实在一条小胡同吧。门前不大见车马不说，就是行人，一天也只寥寥几个。那道街斜对着无人不知的大英博物院；街口钉着小小的一块字号木牌。初次去时，人家教在博物院左近找。问院门口守卫，他不知道有这个铺子，问路上戴着常礼帽的老者，他想没有这么一个铺子；好容易才找着那块小木牌，真是"远在天边，近在眼前"。这铺子从前在另一处，那才冷僻，连裴歹克的地图上都没名字，据说那儿是一所老宅子，才真够诗味，挪到现在这样平常的地带，未免太可惜。那时候美国游客常去，一个原因许是美国看不见那样老宅子。

诗人赫洛德·孟罗（Harold Monro）在一九一二年创办了这爿诗籍铺。用意在让诗与社会发生点切实的关系。孟罗是二十多年来伦敦文学生涯里一个要紧角色。从一九一一年给诗社办《诗刊》（Poetry Review）起知名。在第一期里，他说，"诗与人生的关系得再认真讨论，用于别种艺术的标准也该用于诗。"他觉得能作诗的该作诗，有困难时该帮助他，让他能做下去；一般人也该念诗，受用诗。为了前一件，他要自办杂志，为了后一件，他要办读诗会；为了这两件，他办了诗籍铺。这铺子印行过《乔治诗选》（Georgian Poetry），乔治是现在英王的名字，意思就是当代诗选，所收的都是代表作家。第一册出版，一时风靡，买诗念诗的都多了起来；社会确乎大受影响。诗选共五册；出第五册时在一九二二年，那时乔治诗人的诗兴却渐渐衰了。一九一九到一九二五年铺子里又印行《市本》月刊（The Chapbook），登载诗歌、评论、木刻等，颇多新进作家。

读诗会也在铺子里；星期四晚上准六点钟起，在一间小楼上。一年中也有些时候定好了没有。从创始以来，差不多没有间断过。前前后后著名的诗人几乎都在这儿读过诗：他们自己的诗，或他们喜欢的诗。入场券六便士，在英国算贱，合四五毛钱。在伦敦的时候，也去过两回。那时孟罗病了，不大能问事，铺子里颇为黯淡。两回都是他夫人爱立达·克莱曼答斯基（Alida Klementaski）读，说是找不着别人。那间小楼也容得下四五十位子，两回去，人都不少；第二回满了座，而且几乎都是女人——还有挨着墙站着听的。屋内只读诗的人小桌上一盏蓝罩子的桌灯亮着，幽幽的。她读济兹和别人的诗，读得很好，口齿既清楚，又有顿挫，内行说，能表出原诗的情味。英国诗有两种读法，将每个重音咬得清清楚楚，顿挫的地方用力，和说话的调子不相像，约翰·德林瓦特（John Drinkwater）便主张这一种。他说，读诗若用说话的调子，太随便，诗会跑了。但是参用一点儿，像克莱曼答斯基女士那样，也似乎自然流利，别有味道。这怕要看什么样的诗，什么样的读诗人，不可一概而论。但英国读诗，除不吟而诵，与中国根本不同之外，还有一件：他们按着文气停顿，不按着行，也不一定按着韵脚。这因为他们的诗以轻重为节奏，文句组织又不同，往往一句跨两行三行，却非作一句读不可，韵脚便只得轻轻地滑过去。读诗是一种才能，但也需要训练；他们注重这个，训练的机会多，所以是诗人都能来一手。

铺子在楼下，只一间，可是和读诗那座楼远隔着一条甬道。屋子有点黑，四壁是书架，中间桌上放着些诗歌篇子（Sheets），木刻画。篇子有宽长两种，印着诗歌，加上些零星的彩画，是给大人和孩子玩儿的。犄角儿上一张账桌子，坐着一个戴近视眼镜的、和蔼可亲的、圆脸的中年妇人。桌前装着火炉，炉旁蹲着一只大白狮子猫，和女人一样胖。有时也遇见克莱曼答斯基女士，匆匆地来匆匆地去。孟罗死在一九三二年三月十五日。第二天晚上到铺子里去，看见两个年轻人在和那女人司账说话；说到诗，说到人生，都是哀悼孟罗的。话音很悲伤，却如清泉流泻，差不多句句像诗；女司账说不出什么，唯唯而已。孟罗在日最尽力于诗人文人的结合，他老让各色的才人聚在一块儿。又好客，家里炉旁（英国终年有用火炉的时候）常有许多人聚谈，到深夜才去。这两位青年的伤感不是偶然的。他的铺子可是赚不了钱；死后由他夫人接手，勉强张罗，现在许还开着。

文物·旧书·毛笔

　　这几个月，北平的报纸上除了战事、杀人案、教育危机等消息以外，旧书的危机也是一个热闹的新闻题目。此外，北平的文物，主要的是古建筑，一向受人重视，政府设了一个北平文物整理委员会，并且拨过几回不算少的款项来修理这些文物。二月初，这个委员会还开了一次会议，决定为适应北平这个陪都的百年大计，请求政府"核发本年上半年经费"，并"加强管理使用文物建筑，以维护古迹"。至于毛笔，多少年前教育部就规定学生作国文以及用国文回答考试题目，都得用毛笔。但是事实上学生用毛笔的时候很少，尤其是在大都市里。这个问题现在似乎还是悬案。在笔者看来，文物、旧书、毛笔，正是一套，都是些遗产、历史、旧文化。主张保存这些东西的人，不免都带些"思古之幽情"，一方面更不免多多少少有些"保存国粹"的意思。"保存国粹"现在好像已成了一句坏话，等于"抱残守阙""食古不化""迷恋骸骨""让死的拉住活的"。笔者也知道今天主张保存这些旧东西的人大多数是些五四时代的人物，不至于再有这种顽固的思想，并且笔者自己也多多少少分有他们的情感，自问也还不至于顽固到那地步。不过细心分析这种主张的理由，除了"思古之幽情"以外，似乎还只能说是"保存国粹"；因为这些东西是我们先民的优良的成绩，所以才值得保存，也才会引起我们的思念。我们跟老辈不同的，应该是保存只是保存而止，让这些东西像化石一样，不再妄想它们复活起来。应该过去的总是要过去的，我们明白这个道理。

关于拨用巨款修理和油漆北平的古建筑，有一家报纸上曾经有过微词，好像说在这个战乱和饥饿的时代，不该忙着办这些事来粉饰太平。本来呢，若是真太平的话，这一番修饰也许还可以招揽些外国游客，得些外汇来使用。现在这年头，那辉煌的景象却只是战乱和饥饿的现实的一个强烈的对比，强烈的讽刺，的确叫人有些触目惊心。这自然是功利的看法，可是这年头无衣无食的人太多了，功利的看法也是自然的。不过话说回来，现在公家用钱，并没有什么通盘的计划，这笔钱不用在这儿，大概也不会用在那些无衣无食的人的身上，并且也许还会用在一些不相干的事上去。那么，用来保存古物就也还不算坏。若是真能通盘计划，分别轻重，这种事大概是该缓办的。笔者虽然也赞成保存古物，却并无抢救的意思。照道理衣食足再来保存古物不算晚；万一晚了也只好遗憾，衣食总是根本。笔者不同意过分地强调保存古物，过分地强调北平这个文化城，但是"加强管理使用文物建筑，以维护古迹"，并不用多花钱，却是对的。

旧书的危机指的是木版书，特别是大部头的。一年来旧书业大不景气，有些铺子将大部头的木版书论斤地卖出去造还魂纸。这自然很可惜，并且有点儿惨。因此有些读书人出来呼吁抢救。现在教育部已经拨了十亿元收买这种旧书，抢救已经开始，自然很好。但是笔者要指出旧书的危机潜伏已经很久，并非突如其来。清末就通行石印本的古书，携带便利，价钱公道。这实在是旧书的危机的开始。但是当时石印本是不登大雅之堂的；说是错字多，固然，主要的还在缺少那古色古香。因此大人先生不屑照顾。不过究竟公道，便利，又不占书架的地位，一般读书人，尤其青年，却是乐意买的。民国以来又有了影印本，大部头的如《四部丛刊》，底本差不多都是善本，影印不至于有错字，也不缺少古色古香。这个影响旧书的买卖就更大。后来《四部丛刊》又有缩印本，古气虽然较少，便利却又加多。还有排印本的古书，如《四部备要》《万有文库》等，也是方便公道。又如《国学基本丛书》，照有些石印本办法，书中点了句，方便更大。抗战前又有所谓"一折八扣书"，排印的错误并不太多，极便宜，大量流通，青年学生照顾的不少。比照抗战期中的土纸本，这种一折八扣书现在已经成了好版了。现在的青年学生往往宁愿要这种排印本，不要木刻本；他们要方便，不在乎那古色古香。买大部书的人既然可以买影印本或排印本，买单部书的人更多乐意买排印本或石印本，技术的革新就注定了旧书的没落的运命！将来显微影片本的书发达了，现在的影印本排印本大概也会没落的罢？

至于毛笔，命运似乎更坏。跟"水笔"相比，它的不便更其显然。用毛笔就得用砚台和墨，至少得用墨盒或墨船（上海有这东西，形如小船，不知叫什么名字，用墨膏，装在牙膏似的筒子里，用时挤出），总不如水笔方便，又不能将笔挂在襟上或插在袋里。更重要的，毛笔写字比水笔慢得多，这是毛笔的致命伤。说到价钱，毛笔连上附属品，再算上用的时期的短，并不见得比水笔便宜好多。好的舶来水笔自然很贵，但是好的毛笔也不贱，最近有人在北平戴月轩就看到定价一千多万元的笔。自然，水笔需要外汇，就是本国做的，材料也得从外国买来，毛笔却是国产；但是我们得努力让水笔也变成国产才好。至于过去教育部规定学生用毛笔，似乎只着眼在"保存国粹"或"本位文化"上；学生可并不理会这一套，用水笔的反而越来越多。现代生活需要水笔，势有必至，理有固然，"本位文化"的空名字是抵挡不住的。毛笔应该保存，让少数的书画家去保存就够了，勉强大家都来用，是行不通的。至于现在学生写的字不好，那是没有认真训练的缘故，跟不用毛笔无关。学生的字，清楚整齐就算好，用水笔和毛笔都一样。

学生不爱讲究写字，也不爱读古文古书——虽然有购买排印本古书的，可是并不太多。他们的功课多，事情忙，不能够领略书法的艺术，甚至连写字的作用都忽略了，只图快，写得不清不楚的叫人认不真。古文古书因为文字难，不好懂，他们也觉着不值得费那么多功夫去读。根本上还是由于他们已经不重视历史和旧文化。这也是必经的过程，我们无须惊叹。不过我们得让青年人写字做到清楚整齐的地步，满足写字的基本作用，一方面得努力好好地编出些言文对照详细注解的古书，让青年人读。历史和旧文化，我们应该批判的接受，作为创造新文化的素材的一部，一笔抹杀是不对的。其实青年人也并非真的一笔抹杀古文古书，只看《古文观止》已经有了八种言文对照本，《唐诗三百首》已经有了三种（虽然只各有一种比较好），就知道这种书的需要还是很大——而买主大概还是青年人多。所以我们应该知道努力的方向。至于书法的艺术和古文古书的专门研究，留给有兴趣的少数人好了，这种人大学或独立学院里是应该培养的。

连带着想到了国画和平剧的改良，这两种工作现在都有人在努力。日前一位青年同事和我谈到这两个问题，他觉得国画和平剧都已经有了充分的发展，成了定型，用不着改良，也无从改良；勉强去改良，恐怕只会出现一些不今不古不新不旧的东西，结果未必良好。他觉得民间艺术本来幼稚，没有得着发展，我们倒也许可以促进它们的发展；像国画和平剧已经到了最高峰，是该下降，该过去的时候了，拉着它们恐怕是终于吃力不讨好的。照笔者的意见，我们的新文化新艺术的创造，得批判地采取旧文化旧艺术，士大夫的和民间的都用得着，外国的也用得着，但是得以这个时代和这个国家为主。改良恐怕不免让旧时代拉着，走不远，也许压根儿走不动也未可知。还是另起炉灶的好，旧料却可以选择了用。应该过去的总是要过去的。

论青年读书风气

　　《大公报》图书副刊的编者在"卷头语"里慨叹近二十几年来中国书籍出版之少。这是不错的。但他只就量说，没说到质上去。一般人所感到的怕倒是近些年来书籍出版之滥；有鉴别力的自然知所去取，苦的是寻常的大学生中学生，他们往往是并蓄兼收的。文史方面的书似乎更滥些；一个人只要能读一点古文，能读一点外国文（英文或日文），能写一点白话文，几乎就有资格写这类书，而且很快地写成。这样写成的书当然不能太长、太详尽，所以左一本右一本总是这些"概论""大纲""小史"，看起来倒也热热闹闹的。

　　供给由于需要，这个需要大约起于五四运动之后。那时青年开始发现自我，急求扩而充之，野心不小。他们求知识像狂病；无论介绍西洋文学哲学的历史及理论，或者整理国故，都是新文化，都不迟疑地一口吞下去。他们起初拼命读杂志，后来觉得杂志太零碎，要求系统的东西；"概论"等便渐渐地应运而生。杨荫深先生《编辑〈中国文学大纲〉的意义》（见《先秦文学大纲》）里说得最明白：

> 在这样浩繁的文学书籍之中，试问我们是不是全部都去研究它，如果我们是个欢喜研究中国文学的话。那自然是不可能的，从时间上，与经济上，我们都不可能的。然而在另一方面说来，我们终究非把它全部研究一下不可，因为非如此，不足以满我们的欲望。于是其中便有聪明人出来了，他们用了简要的方法，把全部的中国文学做了一个简要的叙述，这通常便是所谓"文学史"。（杨先生说这种文学史往往是"点鬼簿"，他自己的书要"把中国文学稍详细地叙述，而成有一个系统与一个次序"。）

青年系统的趣味与有限的经济时间使他们只愿意只能够读这类"架子书"。说是架子书，因为这种书至多只是搭着的一副空架子，而且十有九是歪曲的架子。青年有了这副架子，除知识欲满足以外，还可以靠在这架子上作文，演说，教书。这便成了求学谋生的一条捷径。有人说从前读书人只知道一本一本念古书，常苦于没有系统；现在的青年系统却又太多，所有的精力都花在系统上，系统以外便没有别的。但这些架子是不能支持长久的；没有东西填进去，晃晃荡荡的，总有一天会倒下来。

从前人著述，非常谨慎。有许多大学者终生不敢著书，只写点札记就算了。印书不易，版权也不能卖钱，自然是一部分的原因，但他们学问的良心关系最大。他们穷年累月孜孜兀兀地干下去，知道的越多，胆子便越小，绝不愿拾人牙慧，绝不愿蹈空立说。他们也许有矫枉过正的地方，但这种认真的精神值得我们学习。现在我们印书方便了，版权也能卖钱了，出书不能像旧时代那样谨严，怕倒是势所必至；但像近些年来这样滥，总不是正当的发展。早先坊间也有"大全""指南"一类书，印行全为赚钱；但通常不将这些书看作正经玩意儿，所以流弊还少，现在的"概论""大纲""小史"等等，却被青年当作学问的宝库，以为有了这些就可以上下古今，毫无窒碍。这个流弊就大了，他们将永不知道学问为何物。曾听见某先生说，一个学生学了"哲学概论"，一定学不好哲学。他指的还是大学里一年的课程；至于坊间的薄薄的哲学概论书，自然更不在话下。平心而论，就一般人看，学一个概论的课程，未尝无益；就是读一本像样的概论书，也有些好处。但现在坊间却未必有这种像样的东西。

说"概论""大纲""小史"，取其便于标举；有些虽用这类名字却不是这类书，也有些确不用这类名字而却是这类书——如某某研究，某某小丛书之类。这种书大概篇幅少，取其价廉，容易看毕；可是系统全，各方面都说到一点儿，看完了仿佛什么都知道。编这种书只消抄录与排比两种功夫，所以略有文字训练的人都能动手。抄录与排比也有几等几样，这里所要的是最简便最快当的办法。譬如编全唐诗研究吧，不必去看全唐诗，更不必看全唐文，唐代其他著述，以及唐以前的诗，只要找几本中国文学史，加上几种有评注的选本，抄抄编编，改头换面，好歹成一个系统（其实只是条理）就行了。若要表现时代精神，还可以随便检几句流行的评论插进去。这种转了好几道手的玩意，好像掺了好几道水的酒，淡而无味，自不用说；最坏的是让读者既得不着实在的东西，又失去了接近原著的机会，还养成求近功抄小路的脾气。再加上编者照例的匆忙，事实，年代，书名，篇名，句读，字，免不了这儿颠倒那儿错，那是更误人了。其实"概论""大纲""小史"也可以做得好。一是自己有心得，有主张，在大著作之前或之后，写出来的小书；二是融会贯通，博观约取的著作；虽无创见，却能要言不烦，节省一般读者的精力。这两种可都得让学有专长的人做去，而且并非仓促可成。

论雅俗共赏

陶渊明有"奇文共欣赏，疑义相与析"的诗句，那是一些"素心人"的乐事，"素心人"当然是雅人，也就是士大夫。这两句诗后来凝结成"赏奇析疑"一个成语，"赏奇析疑"是一种雅事，俗人的小市民和农家子弟是没有份儿的。然而又出现了"雅俗共赏"这一个成语，"共赏"显然是"共欣赏"的简化，可是这是雅人和俗人或俗人跟雅人一同在欣赏，那欣赏的大概不会还是"奇文"罢。这句成语不知道起于什么时代，从语气看来，似乎雅人多少得理会到甚至迁就着俗人的样子，这大概是在宋朝或者更后罢。

原来唐朝的安史之乱可以说是我们社会变迁的一条分水岭。在这之后，门第迅速地垮了台，社会的等级不像先前那样固定了，"士"和"民"这两个等级的分界不像先前的严格和清楚了，彼此的分子在流通着，上下着。而上去的比下来的多，士人流落民间的究竟少，老百姓加入士流的却渐渐多起来。王侯将相早就没有种了，读书人到了这时候也没有种了；只要家里能够勉强供给一些，自己有些天分，又肯用功，就是个"读书种子"；去参加那些公开的考试，考中了就有官做，至少也落个绅士。这种进展经过唐末跟五代的长期的变乱加了速度，到宋朝又加上印刷术的发达，学校多起来了，士人也多起来了，士人的地位加强，责任也加重了。这些士人多数是来自民间的新的分子，他们多少保留着民间的生活方式和生活态度。他们一面学习和享受那些雅的，一面却还不能摆脱或蜕变那些俗的。人既然很多，大家是这样，也就不觉其寒碜；不但不觉其寒碜，还要重新估定价值，至少也得调整那旧来的标准与尺度。"雅俗共赏"似乎就是新提出的尺度或标准，这里并非打倒旧标准，只是要求那些雅士理会到或迁就些俗士的趣味，好让大家打成一片。当然，所谓"提出"和"要求"，都只是不自觉的看来是自然而然的趋势。

中唐的时期，比安史之乱还早些，禅宗的和尚就开始用口语记录大师的说教。用口语为的是求真与化俗，化俗就是争取群众。安史乱后，和尚的口语记录更其流行，于是乎有了"语录"这个名称，"语录"就成为一种著述体了。到了宋朝，道学家讲学，更广泛地留下了许多语录；他们用语录，也还是为了求真与化俗，还是为了争取群众。所谓求真的"真"，一面是如实和直接的意思。禅家认为第一义是不可说的，语言文字都不能表达那无限的可能，所以是虚妄的。然而实际上语言文字究竟是不免要用的一种"方便"，记录文字自然越近实际的、直接的说话越好。在另一面这"真"又是自然的意思，自然才亲切，才让人容易懂，也就是更能收到化俗的功效，更能获得广大的群众。道学主要的是中国的正统的思想，道学家用了语录做工具，大大地增强了这种新的文体的地位，语录就成为一种传统了。比语录体稍稍晚些，还出现了一种宋朝叫作"笔记"的东西。这种作品记述有趣味的杂事，范围很宽，一方面发表作者自己的意见，所谓议论，也就是批评，这些批评往往也很有趣味。作者写这种书，只当作对客闲谈，并非一本正经，虽然以文言为主，可是很接近说话。这也是给大家看的，看了可以当作"谈助"，增加趣味。宋朝的笔记最发达，当时盛行，流传下来的也很多。目录家将这种笔记归在"小说"项下，近代书店汇印这些笔记，更直题为"笔记小说"；中国古代所谓"小说"，原是指记述杂事的趣味作品而言的。

那里我们得特别提到唐朝的"传奇"。"传奇"据说可以见出作者的"史才、诗、笔、议论"，是唐朝士子在投考进士以前用来送给一些大人先生看，介绍自己，求他们给自己宣传的。其中不外乎灵怪、艳情、剑侠三类故事，显然是以供给"谈助"，引起趣味为主。无论照传统的意念，或现代的意念，这些"传奇"无疑的是小说，一方面也和笔记的写作态度有相类之处。照陈寅恪先生的意见，这种"传奇"大概起于民间，文士是仿作，文字里多口语化的地方。陈先生并且说唐朝的古文运动就是从这儿开始。他指出古文运动的领导者韩愈的《毛颖传》，正是仿"传奇"而作。我们看韩愈的"气盛言宜"的理论和他的参差错落的文句，也正是多多少少在口语化。他的门下的"好难""好易"两派，似乎原来也都是在试验如何口语化。可是"好难"的一派过分强调了自己，过分想出奇制胜，不管一般人能够了解欣赏与否，终于被人看作"诡"和"怪"而失败，于是宋朝的欧阳修继承了"好易"的一派的努力而奠定了古文的基础。——以上说的种种，都是安史乱后几百年间自然的趋势，就是那雅俗共赏的趋势。

宋朝不但古文走上了"雅俗共赏"的路，诗也走向这条路。胡适之先生说宋诗的好处就在"作诗如说话"，一语破的指出了这条路。自然，这条路上还有许多曲折，但是就像不好懂的黄山谷，他也提出了"以俗为雅"的主张，并且点化了许多俗语成为诗句。实践上"以俗为雅"，并不从他开始，梅圣俞、苏东坡都是好手，而苏东坡更胜。据记载梅和苏都说过"以俗为雅"这句话，可是不大靠得住；黄山谷却在《再次杨明叔韵》一诗的"引"里郑重地提出"以俗为雅，以故为新"，说是"举一纲而张万目"。他将"以俗为雅"放在第一，因为这实在可以说是宋诗的一般作风，也正是"雅俗共赏"的路。但是加上"以故为新"，路就曲折起来，那是雅人自赏，黄山谷所以终于不好懂了。不过黄山谷虽然不好懂，宋诗却终于回到了"作诗如说话"的路，这"如说话"，的确是条大路。

雅化的诗还不得不回向俗化，刚刚来自民间的词，在当时不用说自然是"雅俗共赏"的。别瞧黄山谷的有些诗不好懂，他的一些小词可够俗的。柳耆卿更是个通俗的词人。词后来虽然渐渐雅化或文人化，可是始终不能雅到诗的地位，它怎么着也只是"诗余"。词变为曲，不是在文人手里变，是在民间变的；曲又变得比词俗，虽然也经过雅化或文人化，可是还雅不到词的地位，它只是"词余"。一方面从晚唐和尚的俗讲演变出来的宋朝的"说话"就是说书，乃至后来的平话以及章回小说，还有宋朝的杂剧和诸宫调等转变为成功的元朝的杂剧和戏文，乃至后来的传奇，以及皮黄戏，更多半是些"不登大雅"的"俗文学"。这些除元杂剧和后来的传奇也算是"词余"以外，在过去的文学传统里简直没有地位；也就是说这些小说和戏剧在过去的文学传统里多半没有地位，有些有点地位，也不是正经地位。可是虽然俗，大体上却"俗不伤雅"，虽然没有什么地位，却总是"雅俗共赏"的玩意儿。

"雅俗共赏"是以雅为主的，从宋人的"以俗为雅"以及常语的"俗不伤雅"，更可见出这种宾主之分。起初成群俗士蜂拥而上，固然逼得原来的雅士不得不理会到甚至迁就着他们的趣味，可是这些俗士需要摆脱的更多。他们在学习，在享受，也在蜕变，这样渐渐适应那雅化的传统，于是乎新旧打成一片，传统多多少少变了质继续下去。前面说过的文体和诗风的种种改变，就是新旧双方调整的过程，结果迁就的渐渐不觉其为迁就，学习的也渐渐习惯成了自然，传统的确稍稍变了质，但是还是文言或雅言为主，就算跟民众近了一些，近得也不太多。

至于词曲，算是新起于俗间，实在以音乐为重，文辞原是无关轻重的；"雅俗共赏"，正是那音乐的作用。后来雅士们也曾分别将那些文辞雅化，但是因为音乐性太重，使他们不能完成那种雅化，所以词曲终于不能达到诗的地位。而曲一直配合着音乐，雅化更难，地位也就更低，还低于词一等。可是词曲到了雅化的时期，那"共赏"的人却就雅多而俗少了。真正"雅俗共赏"的是唐、五代、北宋的词，元朝的散曲和杂剧，还有平话和章回小说以及皮黄戏等。皮黄戏也是音乐为主，大家直到现在都还在哼着那些粗俗的戏词，所以雅化难以下手，虽然一二十年来这雅化也已经试着在开始。平话和章回小说，传统里本来没有，雅化没有合式的榜样，进行就不易。《三国演义》虽然用了文言，却是俗化的文言，接近口语的文言，后来的《水浒》《西游记》《红楼梦》等就都用白话了。不能完全雅化的作品在雅化的传统里不能有地位，至少不能有正经的地位。雅化程度的深浅，决定这种地位的高低或有没有，一方面也决定"雅俗共赏"的范围的小和大——雅化越深，"共赏"的人越少，越浅也就越多。所谓多少，主要的是俗人，是小市民和受教育的农家子弟。在传统里没有地位或只有低地位的作品，只算是玩意儿；然而这些才接近民众，接近民众却还能教"雅俗共赏"，雅和俗究竟有共通的地方，不是不相理会的两橛了。

　　单就玩意儿而论，"雅俗共赏"虽然是以雅化的标准为主，"共赏"者却以俗人为主。固然，这在雅方得降低一些，在俗方也得提高一些，要"俗不伤雅"才成；雅方看来太俗，以至于"俗不可耐"的，是不能"共赏"的。但是在什么条件之下才会让俗人所"赏"的，雅人也能来"共赏"呢？我们想起了"有目共赏"这句话。孟子说过"不知子都之姣者，无目者也"，"有目"是反过来说，"共赏"还是陶诗"共欣赏"的意思。子都的美貌，有眼睛的都容易辨别，自然也就能"共赏"了。孟子接着说："口之于味也，有同嗜焉；耳之于声也，有同听焉；目之于色也，有同美焉。"这说的是人之常情，也就是所谓人情不相远。但是这不相远似乎只限于一些具体的、常识的、现实的事物和趣味。譬如北平罢，故宫和颐和园，包括建筑，风景和陈列的工艺品，似乎是"雅俗共赏"的，天桥在雅人的眼中似乎就有些太俗了。说到文章，俗人所能"赏"的也只是常识的，现实的。后汉的王充出身是俗人，他多多少少代表俗人说话，反对难懂而不切实用的辞赋，却赞美公文能手。公文这东西关系雅俗的现实利益，始终是不曾完全雅化了的。再说后来的小说和戏剧，有的雅人说《西厢记》诲淫，《水浒传》诲盗，这是"高论"。实际上这一部戏剧和这一部小说都是"雅俗共赏"的作品。《西厢记》无视了传统的礼教，《水浒传》无视了传统的忠德，然而"男女"是"人之大欲"之一，"官逼民反"，也是人之常情，梁山泊的英雄正是被压迫的人民所想望的。俗人固然同情这些，一部分的雅人，跟俗人相距还不太远的，也未尝不高兴这两部书说出了他们想说而不敢说的。这可以说是一种快感，一种趣味，可并不是低级趣味；这是有关系的，也未尝不是有节制的。"诲淫""诲盗"只是代表统治者的利益的说话。

十九世纪二十世纪之交是个新时代，新时代给我们带来了新文化，产生了我们的知识阶级。这知识阶级跟从前的读书人

不大一样，包括了更多的从民间来的分子，他们渐渐跟统治者
拆伙而走向民间。于是乎有了白话正宗的新文学，词曲和小说
戏剧都有了正经的地位。还有种种欧化的新艺术。这种文学和
艺术却并不能让小市民来"共赏"，不用说农工大众。于是乎有
人指出这是新绅士也就是新雅人的欧化，不管一般人能够了解
欣赏与否。他们提倡"大众语"运动。但是时机还没有成熟，
结果不显著。抗战以来又有"通俗化"运动，这个运动并已经
在开始转向大众化。"通俗化"还分别雅俗，还是"雅俗共赏"
的路，大众化却更进一步要达到那没有雅俗之分，只有"共
赏"的局面。这大概也会是所谓由量变到质变罢。

论百读不厌

前些日子参加了一个讨论会，讨论赵树理先生的《李有才板话》。座中一位青年提出了一件事实：他读了这本书觉得好，可是不想重读一遍。大家费了一些时候讨论这件事实。有人表示意见，说不想重读一遍，未必减少这本书的好，未必减少它的价值。但是时间匆促，大家没有达到明确的结论。一方面似乎大家也都没有重读过这本书，并且似乎从没有想到重读它。然而问题不但关于这一本书，而是关于一切文艺作品。为什么一些作品有人"百读不厌"，另一些却有人不想读第二遍呢？是作品的不同吗？是读的人不同吗？如果是作品不同，"百读不厌"是不是作品评价的一个标准呢？这些都值得我们思索一番。

苏东坡有《送章惇秀才失解西归》诗，开头两句是：

旧书不厌百回读，
熟读深思子自知。

"百读不厌"这个成语就出在这里。"旧书"指的是经典，所以要"熟读深思"。《三国志·魏志·王肃传·注》：

> 人有从（董遇）学者，遇不肯教，而云"必当先读百遍"，言"读书百遍而意自见"。

经典文字简短，意思深长，要多读，熟读，仔细玩味，才能了解和体会。所谓"意自见""子自知"，着重自然而然，这是不能着急的。这诗句原是安慰和勉励那考试失败的章惇秀才的话，劝他回家再去安心读书，说"旧书"不嫌多读，越读越玩味越有意思。固然经典值得"百回读"，但是这里着重的还在那读书的人。简化成"百读不厌"这个成语，却就着重在读的书或作品了。这成语常跟另一成语"爱不释手"配合着，在读的时候"爱不释手"，读过了以后"百读不厌"。这是一种赞词和评语，传统上确乎是一个评价的标准。当然，"百读"只是"重读""多读""屡读"的意思，并不一定一遍接着一遍地读下去。

经典给人知识，教给人怎样做人，其中有许多语言的、历史的、修养的课题，有许多注解，此外还有许多相关的考证，读上百遍，也未必能够处处贯通，教人多读是有道理的。但是后来所谓"百读不厌"，往往不指经典而指一些诗，一些文，以及一些小说；这些作品读起来津津有味，重读，屡读也不腻味，所以说"不厌"；"不厌"不但是"不讨厌"，并且是"不厌倦"。诗文和小说都是文艺作品，这里面也有一些语言的和历史的课题，诗文也有些注解和考证；小说方面呢，却直到近代才有人注意这些课题，于是也有了种种考证。但是过去一般读者只注意诗文的注解，不大留心那些课题，对于小说更其如此。他们集中在本文的吟诵或浏览上。这些人吟诵诗文是为了欣赏，甚至于只为了消遣，浏览或阅读小说更只是为了消遣，他们要求的是趣味，是快感。这跟诵读经典不一样。诵读经典是为了知识，为了教训，得认真，严肃，正襟危坐地读，不像读诗文和小说可以马马虎虎的，随随便便的，在床上，在火车轮船上都成。这么着可还能够教人"百读不厌"，那些诗文和小说到底是靠了什么呢？

在笔者看来，诗文主要是靠了声调，小说主要是靠了情节。过去一般读者大概都会吟诵，他们吟诵诗文，从那吟诵的声调或吟诵的音乐得到趣味或快感，意义的关系很少；只要懂得字面儿，全篇的意义弄不清楚也不要紧的。梁启超先生说过李义山的一些诗，虽然不懂得究竟是什么意思，可是读起来还是很有趣味（大意）。这种趣味大概一部分在那些字面儿的影像上，一部分就在那七言律诗的音乐上。字面儿的影像引起人们奇丽的感觉；这种影像所表示的往往是珍奇、华丽的景物，平常人不容易接触到的，所谓"七宝楼台"之类。民间文艺里常常见到的"牙床"等等，也正是这种作用。民间流行的小调以音乐为主，而不注重词句，欣赏也偏重在音乐上，跟吟诵诗文也正相同。感觉的享受似乎是直接的，本能的，即使是字面儿的影像所引起的感觉，也还多少有这种情形，至于小调和吟诵，更显然直接诉诸听觉，难怪容易唤起普遍的趣味和快感。至于意义的欣赏，得靠综合诸感觉的想象力，这个得有长期的教养才成。然而就像教养很深的梁启超先生，有时也还让感觉领着走，足见感觉的力量之大。

小说的"百读不厌"，主要的是靠了故事或情节。人们在儿童时代就爱听故事，尤其爱奇怪的故事。成人也还是爱故事，不过那情节得复杂些。这些故事大概总是神仙、武侠、才子、佳人，经过种种悲欢离合，而以大团圆终场。悲欢离合总得不同寻常，那大团圆才足奇。小说本来起于民间，起于农民和小市民之间。在封建社会里，农民和小市民是受着重重压迫的，他们没有多少自由，却有做白日梦的自由。他们寄托他们的希望于超现实的神仙，神仙化的武侠，以及望之若神仙的上层社会的才子佳人；他们希望有朝一日自己会变成了这样的人物。这自然是不能实现的奇迹，可是能够给他们安慰、趣味和快感。他们要大团圆，正因为他们一辈子是难得大团圆的，奇情也正是常情啊。他们同情故事中的人物，"设身处地"地"替古人担忧"，这也因为事奇人奇的缘故。过去的小说似乎始终没有完全移交到士大夫的手里。士大夫读小说，只是看闲书，就是作小说，也只是游戏文章，总而言之，消遣而已。他们得化装为小市民来欣赏，来写作；在他们看，小说奇于事实，只是一种玩意儿，所以不能认真、严肃，只是消遣而已。

封建社会渐渐垮了，"五四"时代出现了个人，出现了自我，同时成立了新文学。新文学提高了文学的地位；文学也给人知识，也教给人怎样做人，不是做别人的，而是做自己的人。可是这时候写作新文学和阅读新文学的，只是那变了质的下降的士和那变了质的上升的农民和小市民混合成的知识阶级，别的人是不愿来或不能来参加的。而新文学跟过去的诗文和小说不同之处，就在它是认真地负着使命。早期的反封建也罢，后来的反帝国主义也罢，写实的也罢，浪漫的和感伤的也罢，文学作品总是一本正经地在表现着并且批评着生活。这么着文学扬弃了消遣的气氛，回到了严肃——古代贵族的文学如《诗经》，倒本来是严肃的。这负着严肃的使命的文学，自然不再注重"传奇"，不再注重趣味和快感，读起来也得正襟危坐，跟读经典差不多，不能再那么马马虎虎，随随便便的。但是究竟是形象化的，诉诸情感的，跟经典以冰冷的抽象的理智的教训为主不同，又是现代的白话，没有那些语言的和历史的问题，所以还能够吸引许多读者自动去读。不过教人"百读不厌"甚至教人想去重读一遍的作品，的确是很少了。

新诗或白话诗，和白话文，都脱离了那多多少少带着人工的、音乐的声调，而用着接近说话的声调。喜欢古诗、律诗和骈文、古文的失望了，他们尤其反对这不能吟诵的白话新诗；因为诗出于歌，一直不曾跟音乐完全分家，他们是不愿扬弃这个传统的。然而诗终于转到意义中心的阶段了。古代的音乐是一种说话，所谓"乐语"，后来的音乐独立发展，变成"好听"为主了。现在的诗既负上自觉的使命，它得说出人人心中所欲言而不能言的，自然就不注重音乐而注重意义了。——一方面音乐大概也在渐渐注重意义，回到说话吧？——字面儿的影像还是用得着，不过一般地看起来，影像本身，不论是鲜明的，朦胧的，可以独立的诉诸感觉的，是不够吸引人了；影像如果必须得用，就要配合全诗的各部分完成那中心的意义，说出那要说的话。在这动乱时代，人们着急要说话，因为要说的话实在太多。小说也不注重故事或情节了，它的使命比诗更见分明。它可以不靠描写，只靠对话，说出所要说的。这里面神仙、武侠、才子、佳人，都不大出现了，偶然出现，也得打扮成平常人；是的，这时代的小说的人物，主要的是些平常人了，这是平民世纪啊。至于文，长篇议论文发展了工具性，让人们更如意地也更精密地说出他们的话，但是这已经成为诉诸理性的了。诉诸情感的是那发展在后的小品散文，就是那标榜"生活的艺术"，抒写"身边琐事"的。这倒是回到趣味中心，企图着教人"百读不厌"的，确乎也风行过一时。然而时代太紧张了，不容许人们那么悠闲；大家嫌小品文近乎所谓"软性"，丢下了它去找那"硬性"的东西。

　　文艺作品的读者变了质了，作品本身也变了质了，意义和使命压下了趣味，认识和行动压下了快感。这也许就是所谓"硬"的解释。"硬性"的作品得一本正经地读，自然就不容易让人"爱不释手"，"百读不厌"。于是"百读不厌"就不成其为评价的标准了，至少不成其为主要的标准了。但是文艺是欣赏的对象，它究竟是形象化的，诉诸情感的，怎么"硬"也不能"硬"到和论文或公式一样。诗虽然不必再讲那带几分机械性的声调，却不能不讲节奏，说话不也有轻重高低快慢吗？节奏合式，才能集中，才能够高度集中。文也有文的节奏，配合着意义使意义集中。小说是不注重故事或情节了，但也总得有些契机来表现生活和批评它；这些契机得费心思去选择和配合，才能够将那要说的话，要传达的意义，完整地说出来，传达出来。集中了的完整了的意义，才见出情感，才让人乐意接受，"欣赏"就是"乐意接受"的意思。能够这样让人欣赏的作品是好的，是否"百读不厌"，可以不论。在这种情形之下，笔者同意：《李有才板话》即使没有人想重读一遍，也不减少它的价值，它的好。

但是在我们的现代文艺里，让人"百读不厌"的作品也有的。例如鲁迅先生的《阿Q正传》，茅盾先生的《幻灭》《动摇》《追求》三部曲，笔者都读过不止一回，想来读过不止一回的人该不少罢。在笔者本人，大概是《阿Q正传》里的幽默和三部曲里的几个女性吸引住了我。这几个作品的好已经定论，它们的意义和使命大家也都熟悉，这里说的只是它们让笔者"百读不厌"的因素。《阿Q正传》主要的作用不在幽默，那三部曲的主要作用也不在铸造几个女性，但是这些却可能产生让人"百读不厌"的趣味。这种趣味虽然不是必要的，却也可以增加作品的力量。不过这里的幽默绝不是油滑的，无聊的，也绝不是为幽默而幽默，而女性也绝不就是色情，这个界限是得弄清楚的。抗战期中，文艺作品尤其是小说的读众大大地增加了。

增加的多半是小市民的读者，他们要求消遣，要求趣味和快感。扩大了的读众，有着这样的要求也是很自然的。长篇小说的流行就是这个要求的反应，因为篇幅长，故事就长，情节就多，趣味也就丰富了。这可以促进长篇小说的发展，倒是很好的。可是有些作者却因为这样的要求，忘记了自己的边界，放纵到色情上，以及粗劣的笑料上，去吸引读众，这只是迎合低级趣味。而读者贪读这一类低级的软性的作品，也只是沉溺，说不上"百读不厌"。"百读不厌"究竟是个赞词或评语，虽然以趣味为主，总要是纯正的趣味才说得上的。

古文学的欣赏

　　新文学运动开始的时候，胡适之先生宣布"古文"是"死文学"，给它撞丧钟，发讣闻。所谓"古文"，包括正宗的古文学。他是教人不必再做古文，却显然没有教人不必阅读和欣赏古文学。可是那时提倡新文化运动的人如吴稚晖、钱玄同两位先生，却教人将线装书丢在茅厕里。后来有过一回"骸骨的迷恋"的讨论也是反对做旧诗，不是反对读旧诗。但是两回反对读经运动却是反对"读"的。反对读经，其实是反对礼教，反对封建思想；因为主张读经的人是主张传道给青年人，而他们心目中的道大概不离乎礼教，不离乎封建思想。强迫中小学生读经没有成为事实，却改了选读古书，为的了解"固有文化"。为了解固有文化而选读古书，似乎是国民分内的事，所以大家没有说话。可是后来有了"本位文化"论，引起许多人的反感；本位文化论跟早年的保存国粹论同而不同，这不是残余的而是新兴的反动势力。这激起许多人，特别是青年人，反对读古书。

可是另一方面，在本位文化论之前有过一段关于"文学遗产"的讨论。讨论的主旨是如何接受文学遗产，倒不是扬弃它；自然，讨论到"如何"接受，也不免有所分别扬弃的。讨论似乎没有多少具体的结果，但是"批判的接受"这个广泛的原则，大家好像都承认。接着还有一回范围较小，性质相近的讨论。那是关于《庄子》和《文选》的。说《庄子》和《文选》的词汇可以帮助语体文的写作，的确有些不切实际。接受文学遗产若从"做"的一面看，似乎只有写作的态度可以直接供我们参考，至于篇章字句，文言语体各有标准，我们尽可以比较研究，却不能直接学习。因此许多大中学生厌弃教本里的文言，认为无益于写作；他们反对读古书，这也是主要的原因之一。但是流行的作文法，修辞学，文学概论这些书，举例说明，往往古今中外兼容并包；青年人对这些书里的"古文今解"倒是津津有味地读着，并不厌弃似的。从这里可以看出青年人虽然不愿信古，不愿学古，可是给予适当的帮助，他们却愿意也能够欣赏古文学，这也就是接受文学遗产了。

说到古今中外，我们自然想到翻译的外国文学。从新文学运动以来，语体翻译的外国作品数目不少，其中近代作品占多数；这几年更集中于现代作品，尤其是苏联的。但是希腊、罗马的古典，也有人译，有人读，直到最近都如此。莎士比亚至少也有两种译本。可见一般读者（自然是青年人多），对外国的古典也在爱好着。可见只要能够让他们接近，他们似乎是愿意接受文学遗产的，不论中外。而事实上外国的古典倒容易接近些。有些青年人以为古书古文学里的生活跟现代隔得太远，远得渺渺茫茫的，所以他们不能也不愿接受那些。但是外国古典该隔得更远了，怎么事实上倒反容易接受些呢？我想从头来说起，古人所谓"人情不相远"是有道理的。尽管社会组织不一样，尽管意识形态不一样，人情总还有不相远的地方。喜怒哀乐爱恶欲总还是喜怒哀乐爱恶欲，虽然对象不尽同，表现也不尽同。对象和表现的不同，由于风俗习惯的不同；风俗习惯的不同，由于地理环境和社会组织的不同。使我们跟古代跟外国隔得远的，就是这种种风俗习惯；而使我们跟古文学跟外国文学隔得远的尤其是可以算作风俗习惯的一环的语言文字。语体翻译的外国文学打通了这一关，所以倒比古文学容易接受些。

人情或人性不相远，而历史是连续的，这才说得上接受古文学。但是这是现代，我们有我们的立场。得弄清楚自己的立场，再弄清楚古文学的立场，所谓"知己知彼"，然后才能分别出哪些是该扬弃的，哪些是该保留的。弄清楚立场就是清算，也就是批判；"批判的接受"就是一面接受着，一面批判着。自己有立场，却并不妨碍了解或认识古文学，因为一面可以设身处地为古人着想，一面还是可以回到自己立场上批判的。这"设身处地"是欣赏的重要的关键，也就是所谓"感情移入"。个人生活在群体中，多少能够体会别人，多少能够为别人着想。关心朋友，关心大众，恕道和同情，都由于设身处地为别人着想；甚至"替古人担忧"也由于此。演戏，看戏，一是设身处地的演出，一是设身处地的看入。做人不要做坏人，做戏有时候却得做坏人。看戏恨坏人，有的人竟会丢石子甚至动手去打那戏台上的坏人。打起来确是过了分，然而不能不算是欣赏那坏人做得好，好得教这种看戏的忘了"我"。这种忘了"我"的人显然没有在批判着。有批判力的就不至如此，他们欣赏着，一面常常回到自己，自己的立场。欣赏跟行动分得开，欣赏有时可以影响行动，有时可以不影响，自己有分寸，做得主，就不至于糊涂了。读了武侠小说就结伴上峨眉山，的确是糊涂。所以培养欣赏力同时得培养批判力：不然，"有毒的"东西就太多了。然而青年人不愿意接受有些古书和古文学，倒不一定是怕那"毒"，他们的第一难关还是语言文字。

　　打通了语言文字这一关，欣赏古文学的就不会少，虽然不会赶上欣赏现代文学的多。语体翻译的外国古典可以为证。语体的旧小说如《水浒传》《西游记》《红楼梦》《儒林外史》，现在的读者大概比二三十年前要减少了，但是还拥有相当广大的读众。这些人欣赏打虎的武松，焚稿的林黛玉，却一般的未必崇拜武松，尤其未必崇拜林黛玉。他们欣赏武松的勇气和林黛玉的痴情，却嫌武松无知识，林黛玉不健康。欣赏跟崇拜也是分得开的。欣赏是情感的操练，可以增加情感的广度、深度，也可以增加高度。欣赏的对象或古或今，或中或外，影响行动或浅或深，但是那影响总是间接的，直接的影响是在情感上。有些行动固然可以直接影响情感，但是欣赏的机会似乎更容易得到些。要培养情感，欣赏的机会越多越好；就文学而论，古今中外越多能欣赏越好。这其间古文和外国文学都有一道难关，语言文字。外国文学可用语体翻译，古文学的难关该也不难打通的。

我们得承认古文确是"死文字"，死语言，跟现在的语体或白话不是一种语言。这样看，打通这一关也可以用语体翻译。这办法早就有人用过，现代也还有人用着。记得清末有一部《古文析义》，每篇古文后边有一篇白话的解释，其实就是逐句的翻译。那些翻译够清楚的，虽然啰唆些。但是那只是一部不登大雅之堂的启蒙书，不曾引起人们注意。五四运动以后，整理国故引起了古书今译。顾颉刚先生的《盘庚篇今译》（见《古史辨》），最先引起我们的注意。他是要打破古书奥妙的气氛，所以将《尚书》里佶屈聱牙的这《盘庚》三篇用语体译出来，让大家看出那"鬼治主义"的把戏。他的翻译很严谨，也够确切；最难得的，又是三篇简洁明畅的白话散文，独立起来看，也有意思。近来郭沫若先生在《由周代农事诗论到周代社会》一文（见《青铜时代》）里翻译了《诗经》的十篇诗，风雅颂都有。他是用来论周代社会的，译文可也都是明畅的素朴的白话散文诗。此外还有将《诗经》《楚辞》和《论语》作为文学来今译的，都是有意义的尝试。这种翻译的难处在乎译者的修养；他要能够了解古文学，批判古文学，还要能够照他所了解与批判的译成艺术性的或有风格的白话。

翻译之外，还有讲解，当然也是用白话。讲解是分析原文的意义并加以批判，跟翻译不同的是以原文为主。笔者在《国文月刊》里写的《古诗十九首集释》，叶绍钧先生和笔者合作的《精读指导举隅》（其中也有语体文的讲解），浦江清先生在《国文月刊》里写的《词的讲解》，都是这种尝试。有些读者嫌讲得太琐碎，有些却愿意细心读下去。还有就是白话注释，更是以读原文为主。这虽然有人试过，如《论语》白话注之类，可只是敷衍旧注，毫无新义，那注文又啰里啰唆的。现在得从头做起，最难的是注文用的白话，现行的语体文里没有这一体，得创作，要简明朴实。选出该注释的词句也不易，有新义更不易。此外还有一条路，可以叫作拟作。谢灵运有《拟魏太子邺中集》，综合的拟写建安诗人，用他们的口气作诗。江淹有《杂拟诗》三十首，也是综合而扼要地分别拟写历代无名的五言诗人，也用他们自己的口气。这是用诗来拟诗。英国麦克士·比罗姆著《圣诞花环》，却以圣诞节为题用散文来综合地扼要地拟写当代各个作家。他写照了各个作家，也写照了自己。我们不妨如法炮制，用白话来尝试。以上四条路都通到古文学的欣赏；我们要接受古代作家文学遗产，就可以从这些路子走近去。

论书生的酸气

　　读书人又称书生。这固然是个可以骄傲的名字，如说"一介书生"，"书生本色"，都含有清高的意味。但是正因为清高，和现实脱了节，所以书生也是嘲讽的对象。人们常说"书呆子""迂夫子""腐儒""学究"等，都是嘲讽书生的。"呆"是不明利害，"迂"是绕大弯儿，"腐"是顽固守旧，"学究"是指一孔之见。总之，都是知古不知今，知书不知人，食而不化的读死书或死读书，所以在现实生活里老是吃亏、误事、闹笑话。总之，书生的被嘲笑是在他们对于书的过分的执着上；过分地执着书，书就成了话柄了。

　　但是还有"寒酸"一个话语，也是形容书生的。"寒"是"寒素"，对"膏粱"而言，是魏晋南北朝分别门第的用语。"寒门"或"寒人"并不限于书生，武人也在里头；"寒士"才指书生。这"寒"指生活情形，指家世出身，并不关涉到书；单这个字也不含嘲讽的意味。加上"酸"字成为连语，就不同了，好像一副可怜相活现在眼前似的。"寒酸"似乎原作"酸寒"。韩愈《荐士》诗，"酸寒溧阳尉"，指的是孟郊；后来说"郊寒岛瘦"孟郊和贾岛都是失意的人，作的也是失意诗。"寒"和"瘦"映衬起来，够可怜相的，但是韩愈说"酸寒"，似乎"酸"比"寒"重。可怜别人说"酸寒"，可怜自己也说"酸寒"，所以苏轼有"故人留饮慰酸寒"的诗句。陆游有"书生老瘦转酸寒"的诗句。"老瘦"固然可怜相，感激"故人留饮"也不免有点儿。范成大说"酸"是"书生气味"，但是他要"洗尽书生气味酸"，那大概是所谓"大丈夫不受人怜"罢？

为什么"酸"是"书生气味"呢？怎么样才是"酸"呢？话柄似乎还是在书上。我想这个"酸"原是指读书的声调说的。晋以来的清谈很注重说话的声调和读书的声调。说话注重音调和辞气，以朗畅为好。读书注重声调，从《世说新语·文学》篇所记殷仲堪的话可见；他说，"三日不读《道德经》，便觉舌本闲强"，说到舌头，可见注重发音，注重发音也就是注重声调。《任诞》篇又记王孝伯说"名士不必须奇才，但使常得无事，痛饮酒，熟读《离骚》，便可称名士"。这"熟读《离骚》"该也是高声朗诵，更可见当时风气。《豪爽》篇记"王司州（胡之）在谢公（安）坐，咏《离骚》《九歌》'入不言兮出不辞，乘回风兮载云旗'，语人云，'当尔时，觉一坐无人。'"正是这种名士气的好例。读古人的书注重声调，读自己的诗自然更注重声调。《文学篇》记着袁宏的故事：

　　袁虎（宏小名虎）少贫，尝为人佣载运租。谢镇西经船行，其夜清风朗月，闻江渚间估客船上有咏诗声，甚有情致，所诵五言，又其所未尝闻，叹美不能已。即遣委曲讯问，乃是袁自咏其所作咏史诗。因此相要，大相赏得。

　　从此袁宏名誉大盛，可见朗诵关系之大。此外《世说新语》里记着"吟啸""啸咏""讽咏""讽诵"的还很多，大概也都是在朗诵古人的或自己的作品罢。

　　这里最可注意的是所谓"洛下书生咏"或简称"洛生咏"。《晋书·谢安传》说：

　　　　安本能为洛下书生咏。有鼻疾，故其音浊。名流爱其咏而弗能及，或手掩鼻以效之。

　　《世说新语·轻诋》篇却记着：

　　　　人问顾长康"何以不作洛生咏？"答曰，"何至作老婢声！"

　　刘孝标注，"洛下书生咏音重浊，故云'老婢声'。"所谓"重浊"，似乎就是过分悲凉的意思。当时诵读的声调似乎以悲凉为主。王孝伯说"熟读《离骚》，便可称名士"，王胡之在谢安坐上咏的也是《离骚》《九歌》，都是《楚辞》。当时诵读《楚辞》，大概还知道用楚声楚调，乐府曲调里也正有楚调，而楚声楚调向来是以悲凉为主的。当时的诵读大概受到和尚的梵诵或梵唱的影响很大，梵诵或梵唱主要的是长吟，就是所谓"咏"。《楚辞》本多长句，楚声楚调配合那长吟的梵调，相得益彰，更可以"咏"出悲凉的"情致"来。袁宏的咏史诗现存两首，第一首开始就是"周昌梗概臣"一句，"梗概"就是"慷慨""感慨"；"慷慨悲歌"也是一种"书生本色"。沈约《宋书·谢灵运传》论所举的五言诗名句，钟嵘《诗品·序》里所举的五言诗名句和名篇，差不多都是些"慷慨悲歌"。《晋书》里还有一个故事。晋朝曹摅的《感旧》诗有"富贵他人合，贫贱亲戚离"两句。后来殷浩被废为老百姓，送他的心爱的外甥回朝，朗诵这两句，引起了身世之感，不觉泪下。这是悲凉的朗诵的确例。但是自己若是并无真实的悲哀，只去学时髦，捏着鼻子学那悲哀的"老婢声"的"洛生咏"，那就过了分，那也就是赵宋以来所谓"酸"了。

唐朝韩愈有《八月十五夜赠张功曹》诗，开头是：

> 纤云四卷天无河，
> 清风吹空月舒波，
> 沙平水息声影绝，
> 一杯相属君当歌。

接着说：

君歌声酸辞且苦，
不能听终泪如雨。

接着就是那"酸"而"苦"的歌辞：

洞庭连天九疑高，
蛟龙出没猩鼯号。
十生九死到官所，
幽居默默如藏逃。
下床畏蛇食畏药，
海气湿蛰熏腥臊。
昨者州前捶大鼓，
嗣皇继圣登夔皋。
赦书一日行万里，
罪从大辟皆除死。
迁者追回流者还，
涤瑕荡垢朝清班。
州家申名使家抑，
坎坷只得移荆蛮。
判司卑官不堪说，
未免捶楚尘埃间。
同时辈流多上道，
天路幽险难追攀！

张功曹是张署，和韩愈同被贬到边远的南方，顺宗即位，只奉命调到近一些的江陵做个小官儿，还不得回到长安去，因此有了这一番冤苦的话。这是张署的话，也是韩愈的话。但是诗里却接着说：

> 君歌且休听我歌，
> 我歌今与君殊科。

韩愈自己的歌只有三句：

> 一年明月今宵多，
> 人生由命非由他，
> 有酒不饮奈明何！

他说认命算了，还是喝酒赏月罢。这种达观其实只是苦情的伪装而已。前一段"歌"虽然辞苦声酸，倒是货真价实，并无过分之处。由那"声酸"知道吟诗的确有一种悲凉的声调，而所谓"歌"其实只是讽咏。大概汉朝以来不像春秋时代一样，士大夫已经不会唱歌，他们大多数是书生出身，就用讽咏或吟诵来代替唱歌。他们——尤其是失意的书生——的苦情就发泄在这种吟诵或朗诵里。

战国以来，唱歌似乎就以悲哀为主，这反映着动乱的时代。《列子·汤问》篇记秦青"抚节悲歌，声振林木，响遏行云"，又引秦青的话，说韩娥在齐国雍门地方"曼声哀哭，一里老幼悲愁垂涕相对，三日不食"，后来又"曼声长歌，一里老幼，善跃抃舞，弗能自禁"。这里说韩娥虽然能唱悲哀的歌，也能唱快乐的歌，但是和秦青自己独擅悲歌的故事合看，就知道还是悲歌为主。再加上齐国杞梁殖的妻子哭倒了城的故事，就是现在还在流行的孟姜女哭倒长城的故事，悲歌更为动人，是显然的。书生吟诵，声酸辞苦，正和悲歌一脉相传。但是声酸必须辞苦，辞苦又必须情苦；若是并无苦情，只有苦辞，甚至连苦辞也没有，只有那供人酸鼻的声调，那就过了分，不但不能动人，反要遭人嘲弄了。书生往往自命不凡，得意的自然有，却只有少数，失意的可太多了。所以总是叹老嗟卑，长歌当哭，哭丧着脸一副可怜相。朱子在《楚辞辨证》里说汉人那些模仿的作品"诗意平缓，意不深切，如无所疾痛而强为呻吟者"。"无所疾痛而强为呻吟"就是所谓"无病呻吟"。后来的叹老嗟卑也正是无病呻吟。有病呻吟是紧张的，可以得人同情，甚至叫人酸鼻；无病呻吟，病是装的，假的，呻吟也是装的，假的，假装可以酸鼻的呻吟，酸而不苦像是丑角扮戏，自然只能逗人笑了。

苏东坡有《赠诗僧道通》的诗：

> 雄豪而妙苦而腴，
> 只有琴聪与蜜殊。
> 语带烟霞从古少，

气含蔬笋到公无……

查慎行注引叶梦得《石林诗话》说：

> 近世僧学诗者极多，皆无超然自得之趣，往往掇拾摹
> 仿士大夫所残弃，又自作一种体，格律尤俗，谓之"酸馅
> 气"。子瞻……尝语人云，"颇解'蔬笋'语否？为无'酸
> 馅气'也。"闻者无不失笑。

东坡说道通的诗没有"蔬笋"气，也就没有"酸馅气"，和
尚修苦行，吃素，没有油水，可能比书生更"寒"更"瘦"；
一味反映这种生活的诗，好像酸了的菜馒头的馅儿，干酸，吃
不得，闻也闻不得，东坡好像是说，苦不妨苦，只要"苦而
腴"，有点儿油水，就不至于那么扑鼻酸了。这酸气的"酸"
还是从"声酸"来的。而所谓"书生气味酸"该就是指的这
种"酸馅气"。和尚虽苦，出家人原可"超然自得"，却要学吟
诗，就染上书生的酸气了。书生失意的固然多，可是叹老嗟卑
的未必真的穷苦到他们嗟叹的那地步；倒是"常得无事"，就是
"有闲"，有闲就无聊，无聊就作成他们的"无病呻吟"了。宋
初西昆体的领袖杨亿讥笑杜甫是"村夫子"，大概就是嫌他叹
老嗟卑得太多。但是杜甫"窃比稷与契"，嗟叹的其实是天下
之大，绝不止于自己的鸡虫得失。杨亿是个得意的人，未免忘
其所以，才说出这样不公道的话。可是像陈师道的诗，叹老嗟

卑，吟来吟去，只关一己，的确叫人腻味。这就落了套子，落了套子就不免有些"无病呻吟"，也就是有些"酸"了。

道学的兴起表示书生的地位加高，责任加重，他们更其自命不凡了，自嗟自叹也更多了。就是眼光如豆的真正的"村夫子"或"三家村学究"，也要哼哼唧唧地在人面前卖弄那背得的几句死书，来嗟叹一切，好搭起自己的读书人的空架子。鲁迅先生笔下的"孔乙己"，似乎是个更破落的读书人，然而"他对人说话，总是满口之乎者也，教人半懂不懂的"。人家说他偷书，他却争辩着，"窃书不能算偷……窃书！……读书人的事，能算偷么？""接连便是难懂的话，什么'君子固穷'，什么'者乎'之类，引得众人都哄笑起来。"孩子们看着他的茴香豆的碟子。

> 孔乙己着了慌，伸开五指将碟子罩住，弯下腰去说道，"不多了，我已经不多了。"直起身又看一看豆，自己摇头说，"不多不多！'多乎哉？不多也。'"于是这一群孩子都在笑声里走散了。

破落到这个地步，却还只能"满口之乎者也"，和现实的人民隔得老远的，"酸"到这地步真是可笑又可怜了。"书生本色"虽然有时是可敬的，然而他的酸气总是可笑又可怜的。最足以表现这种酸气的典型，似乎是戏台上的文小生，尤其是昆曲里的文小生，那哼哼唧唧、扭扭捏捏、摇摇摆摆的调调儿，真够

"酸"的！这种典型自然不免夸张些，可是许差不离儿罢。

　　向来说"寒酸""穷酸"，似乎酸气老聚在失意的书生身上。得意之后，见多识广，加上"一行作吏，此事便废"，那时就会不再执着在书上，至少不至于过分地执着在书上，那"酸气味"是可以多多少少"洗"掉的。而失意的书生也并非都有酸气。他们可以看得开些，所谓达观，但是达观也不易，往往只是伪装。他们可以看远大些，"梗概而多气"是雄风豪气，不是酸气。至于近代的知识分子，让时代逼得不能读死书或死读书，因此也就不再执着那些古书。文言渐渐改了白话，吟诵用不上了；代替吟诵的是又分又合的朗诵和唱歌。最重要的是他们看清楚了自己，自己是在人民之中，不能再自命不凡了。他们虽然还有些闲，可是要"常得无事"却也不易。他们渐渐丢了那空架子，脚踏实地向前走去。早些时还不免带着感伤的气氛，自爱自怜，一把眼泪一把鼻涕的；这也算是酸气，虽然念诵的不是古书而是洋书。可是这几年时代逼得更紧了，大家只得抹干了鼻涕眼泪走上前去。这才真是"洗尽书生气味酸"了。

低级趣味

　　从前论人物，论诗文，常用雅俗两个词来分别。有所谓雅致，有所谓俗气。雅该原是都雅，都是城市，这个雅就是成都人说的"苏气"。俗该原是鄙俗，鄙是乡野，这个俗就是普通话里的"土气"。城里人大方，乡下人小样，雅俗的分别就在这里。引申起来又有文雅，古雅，闲雅，淡雅等等。例如说话有书卷气是文雅，客厅里摆设些古董是古雅，临事从容不迫是闲雅，打扮素净是淡雅。那么，粗话村话就是俗，美女月份牌就是俗，忙着开会应酬就是俗，重重的胭脂厚厚的粉就是俗。人如此，诗文也如此。

　　雅俗由于教养。城里人生活优裕的多些，他们教养好，见闻多，乡下人自然比不上。雅俗却不是呆板的。教养高可以化俗为雅。宋代诗人如苏东坡，诗里虽然用了俗词俗语，却新鲜有意思，正是淡雅一路。教养不到家而要附庸风雅，就不免做作，不能自然。从前那些斗方名士终于"雅得这样俗"，就在此。苏东坡常笑话某些和尚的诗有蔬笋气，有酸馅气。蔬笋气，酸馅气不能不算俗气。用力去写清苦求淡雅，倒不能脱俗了。雅俗是人品，也是诗文品，称为雅致，称为俗气，这"致"和"气"正指自然流露，做作不得。虽是自然流露，却非自然生成。天生的雅骨，天生的俗骨其实都没有，看生在什么人家罢了。

现在讲平等不大说什么雅俗了，却有了低级趣味这一个语。从前雅俗对峙，但是称人雅的时候多，骂人俗的时候少。现在有低级趣味，却不说高级趣味，更不敢说高等趣味。因为高等华人成了骂人的话，高得那么低，谁还敢说高等趣味！再说趣味这词也带上了刺儿，单讲趣味就不免低级，那么说高级趣味岂不自相矛盾？但是趣味究竟还和低级趣味不一样。"低级趣味"很像是日本名词，现在用在文艺批评上，似乎是指两类作品而言。一类是色情的作品，一类是玩笑的作品。

色情的作品引诱读者纵欲，不是一种"无关心"的态度，所以是低级。可是带有色情的成分而表现着灵肉冲突的，却当别论。因为灵肉冲突是人生的根本课题，作者只要认真在写灵肉冲突，而不像历来的猥亵小说在头尾装上一套劝善惩恶的话做幌子，那就虽然有些放纵，也还可以原谅。玩笑的作品油嘴滑舌，像在做双簧说相声，这种作者成了小丑，成了帮闲，有别人，没自己。他们笔底下的人生是那么轻飘飘的，所谓骨头没有四两重。这个可跟真正的幽默不同。真正的幽默含有对人生的批评，这种油嘴滑舌的玩笑，只是不择手段打哈哈罢了。

这两类作品都只是迎合一般人的低级趣味来骗钱花的。

　　与低级趣味对峙着的是纯正严肃。我们可以说趣味纯正，但是说严肃却说态度严肃，态度比趣味要广大些。单讲趣味似乎总有点轻飘飘的；说趣味纯正却大不一样。纯就是不杂；写作或阅读都不杂有什么实际目的，只取"无关心"的态度，就是纯。正是正经，认真，也就是严肃。严肃和真的幽默并不冲突，例如《阿Q正传》；而这种幽默也是纯正的趣味。色情的和玩笑的作品都不纯正，不严肃，所以是低级趣味。

第二章

开卷有益

——感悟与心得

《山野掇拾》

　　我最爱读游记。现在是初夏了；在游记里却可以看见烂漫的春花，舞秋风的落叶……——都是我惦记着，盼望着的！这儿是白马湖读游记的时候，我却能到神圣庄严的罗马城，纯朴幽静的 Loisieux 村——都是我羡慕着，想象着的！游记里满是梦："后梦赶走了前梦，前梦又赶走了大前梦。"这样地来了又去，来了又去；像树梢的新月，像山后的晚霞，像田间的萤火，像水上的箫声，像隔座的茶香，像记忆中的少女，这种种都是梦。我在中学时，便读了康更甡的《欧洲十一国游记》，——实在只有（？）意大利游记——当时做了许多好梦；滂卑古城最是我低徊留恋而不忍去的！那时柳子厚的山水诸记，也常常引我入胜。后来得见《洛阳伽蓝记》，记诸寺的繁华壮丽，令我神往；又得见《水经注》，所记奇山异水，或令我惊心动魄，或让我游目骋怀。（我所谓"游记"，意义较通用者稍广，故将后两种也算在内）这些或记风土人情，或记山川胜迹，或记"美好

的昔日"，或记美好的今天，都有或浓或淡的彩色，或工或泼的
风致。而我近来读《山野掇拾》，和这些又是不同：在这本书
里，写着的只是"大陆的一角"，"法国的一区"，并非特著的
胜地，脍炙人口的名所；所以一空依傍，所有的好处都只是作
者自己的发见！前举几种中，只有柳子厚的诸作也是如此写出
的；但柳氏仅记风物，此书却兼记文化——如 Vicard 序中所言。
所谓"文化"，也并非在我们平日意想中的庞然巨物，只是人
情之美；而书中写 Loisieux 村的文化，实较风物为更多：这又
有以异乎人。而书中写 Loisieux 村的文化，实在也非写 Loisieux
村的文化，只是作者孙福熙先生暗暗地巧巧地告诉我们他的哲
学，他的人生哲学。所以写的是"法国的一区"，写的也就是他
自己！他自己说得好：

　　　我本想尽量掇拾山野风味的，不知不觉地掇拾了许多
掇拾者自己。（原书二六一页。）

但可爱的正是这个"自己"，可贵的也正是这个"自己"！
孙先生自己说这本书是记述"人类的大生命分配于他的式
样"的，我们且来看看他的生命究竟是什么式样？世界上原有
两种人：一种是大刀阔斧的人，一种是细针密线的人。前一种
人真是一把"刀"，一把斩乱麻的快刀！什么纠纷，什么葛藤，
到了他手里，都是一刀两断！——正眼也不去瞧，不用说靠他
理纷解结了！他行事只看准几条大干，其余的万千枝叶，都一

扫个精光；所谓"擒贼必擒王"，也所谓"以不了了之"英雄豪杰是如此办法：他们所图远大，是不屑也无暇顾念那些琐细的节目！蠢汉笨伯也是如此办法，他们却只图省事！他们的思力不足，不足剖析入微，鞭辟入里；如两个小儿争闹，做父亲的更不思索，便照例每人给一个耳光！这真是"不亦快哉"！但你我若既不能为英雄豪杰，又不甘做蠢汉笨伯，便自然而然只能企图做后一种人。这种人凡事要问底细："打破沙缸问到底！还要问沙缸从哪里起？"他们于一言一动之微，一沙一石之细，都不轻轻放过！从前人将桃核雕成一只船，船上有苏东坡，黄鲁直，佛印等；或于元旦在一粒芝麻上写"天下太平"四字，以验目力：便是这种脾气的一面。他们不注重一千一万，而注意一毫一厘；他们觉得这一毫一厘便是那一千一万的具体而微——只要将这一毫一厘看得透彻，正和照相的放大一样，其余也可想见了。他们所以于每事每物，必要拆开来看，拆穿来看；无论锱铢之别，淄渑之辨，总要看出而后已，正如显微镜一样。这样可以辨出许多新异的滋味，乃是他们独得的秘密！总之，他们对于怎样微渺的事物，都觉吃惊；而常人则熟视无睹！故他们是常人而又有以异乎常人。这两种人——孙先生，画家，若容我用中国画来比，我将说前者是"泼笔"，后者是"工笔"。孙先生自己是"工笔"，是后一种人。他的朋友号他为"细磨细琢的春台"，真不错，他的全部都在这儿了！他纪念他的姑母和父亲，他说他们以细磨细琢的功夫传授给他，然而他远不如他们了。从他的父亲那里，他"知道一句话中，除字面上的意思之外，还有别的话在这里边，只听字面，还远不能听懂说话者的意思哩"。这本书的长处，也就在"别的话"这一点；乍看岂不是淡淡的？缓缓咀嚼一番，便会有浓密的滋味从口角流出！你若看过瀼瀼的朝露，皱皱的水波，茫茫的冷月，薄薄的女衫，你若吃过上好的皮丝，鲜嫩的毛笋，新制的龙井茶：你一定懂得我的话。

我最觉得有味的是孙先生的机智。孙先生收藏的本领真好！他收藏着怎样多的虽微末却珍异的材料，就如慈母收藏果饵一样；偶然拈出一两件来，令人惊异他的富有！其实东西本不稀奇，经他一收拾，便觉不凡了。他于人们忽略的地方，加倍地描写，使你于平常身历之境，也会有惊异之感。他的选择的功夫又高明；那分析的描写与精彩的对话，足以显出他敏锐的观察力。所以他的书既富于自己的个性，一面也富于他人的个性，无怪乎他自己也会觉得他的富有了。他的分析的描写含有论理的美，就是精严与圆密；像一个扎缚停当的少年武士，英姿飒爽而又妩媚可人！又像医生用的小解剖刀，银光一闪，骨肉判然！你或者觉得太琐屑了，太腻烦了；但这不是腻烦和琐屑，这乃是悠闲（Idle）。悠闲也是人生的一面，其必要正和不悠闲一样！他的对话的精彩，也正在悠闲这一面！这才真是Loisieux村人的话，因为真的乡村生活是悠闲的。他在这些对话中，介绍我们面晤一个个活泼泼的Loisicux村人！总之，我们读这本书，往往能由几个字或一句话里，窥见事的全部，人的全性；这便是我所谓"孙先生的机智"了。孙先生是画家。

他从前有过一篇游记，以"画"名文，题为《赴法途中漫画》；篇首有说明，深以作文不能如作画为恨。其实他只是自谦；他的文几乎全是画，他的作文便是以文字作画！他叙事，抒情，写景，固然是画；就是说理，也还是画。人家说"诗中有画"，孙先生是文中有画；不但文中有画，画中还有诗，诗中还有哲学。

我说过孙先生的画工，现在再来说他的诗意——画本是"无声诗"呀。他这本书是写民间乐趣的；但他有些什么乐趣呢？采葡萄的落后是一；画风柳，纸为风吹，画瀑布，纸为水溅是二；与绿的蚱蜢，黑的蚂蚁等"合画"是三。这些是他已经说出的，但重要的是那未经说出的"别的话"；他爱村人的性格，那纯朴，温厚，乐天，勤劳的性格。他们"反直不想与人相打"；他们不畏缩，不鄙夷，爱人而又自私，藏匿而又坦白；他们只是做工，只是太做工，"真的不要自己的性命！"——非为衣食，也非不为衣食，只是浑然的一种趣味。这些正都是他们健全的地方！你或者要笑他们没有理想，如书中 R 君夫妇之笑他们雇来的工人；但"没有理想"的可笑，不见得比"有理想"的可笑更甚——在现在的我们，"原始的"与"文化的"实觉得一般可爱。而这也并非全为了对比的趣味，"原始的"实是更近于我们所常读的诗，实是"别有系人心处"！譬如我读这本书，就常常觉得是在读面熟得很的诗！"村人的性格"还有一个"联号"，便是"自然的风物"。孙先生是画家，他之爱自然的风物，是不用说的；而自然的风物便是自然的诗，也似乎不用说的。孙先生是画家，他更爱自然的动象，说也是一种社会的变幻。他爱风吹不绝的柳树，他爱水珠飞溅的瀑布，他爱绿的蚱蜢，黑的蚂蚁，赭褐的六足四翼不曾相识的东西，它们虽怎样地困苦他，但却是活的画，生命的诗！——在人们里，他最爱老年人和小孩子。他敬爱辛苦一生至今扶杖也不能行了的老年人，他更羡慕见火车而抖的小孩子。是的，老年人如已熟的果树，满垂着沉沉的果实，任你去摘了吃；你只要眼睛亮，手法好，必能果腹而回！小孩子则如刚打朵儿的花，蕴藏着无穷的允许：这其间有红的，绿的，有浓的，淡的，有小的，大的，有单瓣的，重瓣的，有香的，有不香的，有努力开花的，有努力结实的——结女人脸的苹果，黄金的梨子，珠子般的红樱桃，璎珞般的紫葡萄……而小姑娘尤为可爱！——读了这本书的，谁不爱那叫喊尖利的"啊"的小姑娘呢？其实胸怀润朗的人，什么于他都是朋友：他觉得一切东西里都有些意思，在习俗的衣裳底下，躲藏着新鲜的身体。凭着这点意思去发展自己的生活，便是诗的生活。"孙先生的诗意"，也便在这儿。

在这种生活的河里伏流着的，便是孙先生的哲学了。他是个含忍与自制的人，是个中和的（Moderate）人；他不能脱离自己，同时却也理会他人。他要"尽量地理会他人的苦乐——或苦中之乐，或乐中之苦，免得眼睛生在额上的鄙夷他人，或胁肩谄笑的阿谀他人"。因此他论城市与乡村，男子与女子，团体与个人，都能寻出他们各自的长处与短处。但他也非一味宽容的人，像"烂面糊盆"一样；他是不要阶级的，他同情于一切——便是牛也非例外！他说：

> 我们住在宇宙的大乡土中，一切孩儿都在我们的心中；没有一个乡土不是我的乡土，没有一个孩儿不是我的孩儿！（原书六四页）

这是最大的"宽容"，但是只有一条路的"宽容"——其实已不能叫作"宽容"了。在这"未完的草稿"的世界之中，他虽还免不了疑虑与鄙夷，他虽鄙夷人间的争闹，以为和三个小虫的权利问题一样；但他到底能从他的"泪珠的镜中照见自己以至于一切大千世界的将来的笑影了"。他相信大生命是有希望的；他相信便是那"没有果实，也没有花"的老苹果树，那"只有折断而且曾经枯萎的老干上所生的稀少的枝叶"的老苹果树，"也预备来年开得比以前更繁荣的花，结得更香美的果！"在他的头脑里，世界是不会陈旧的，因为他能够常常重新做起；他并不长吁短叹，叫着不足，他只尽他的力做就是了。他教中国人不必自馁；真的，他真是个不自馁的人！他写出这本书是不自馁，他别的生活也必能不自馁的！或者有人说他的思想近乎"圆通"，但他的本意只是"中和"，并无容得下"调和"的余地；他既"从来不会做所谓漂亮及出风头的事"，自然只能这样缓缓地锲而不舍地去开垦他的乐土！这和他的画笔，诗情，同为他的"细磨细琢的功夫"的表现。

　　书中有孙先生的几幅画。我最爱《在夕阳的抚弄中的湖景》一幅；那是色彩的世界！而本书的装饰与安排，正如湖景之因夕阳抚弄而可爱，也因孙先生抚弄（若我猜得不错）而可爱！在这些里，我们又可以看见"细磨细琢的春台"呢。

《子夜》

　　这几年我们的长篇小说，渐渐多起来了；但真能表现时代的只有茅盾的《蚀》和《子夜》。《蚀》写一九二七年的武汉与一九二八年的上海，写的是"青年在革命壮潮中所经过的三个时期"。能利用这种材料的不止茅君一个，可是相当地成功的只有他一个。他笔下是些有血有肉能说能做的人，不是些扁平的人形，模糊的影子。《子夜》写一九三〇年的上海，写的是民族资本主义的发展与崩溃的缩影。与《蚀》都是大规模的分析的描写，范围却小些：只侧重在"工业的金融的上海市"，而经过只有两个多月。不过这回作者观察得更有系统，分析得也更精细；前一本是作者经验了人生而写的，这一本是为了写而去经验人生的，听说他的亲戚颇多在交易所里混的；他自己也去过交易所多次。他这本书是细心研究的结果，并非"写意"的创作。《蚀》包含三个中篇，字数还没有这一本多，便是为此。看小说消遣的人看了也许觉得烦琐，腻味；那是他自己太"写意"了，怨不得作者。"子夜"的意思是"黎明之前"；作者相信一个新时代是要到来的。

　　这本书有主角，与《蚀》不同。主角是吴荪甫。他曾经游历欧美，抱着发展中国民族工业的雄图，是个有作为的人。他在故乡双桥镇办了一个发电厂，打算以此为基础，建筑起一个模范镇；又在上海开了一片大丝厂。不想双桥镇给"农匪"破坏了，他心血算白费了。丝厂因为竞争不过日本丝和人造丝，渐渐不景气起来，只好在工人身上打主意，扣减她们的工钱。于是酝酿着工潮，劳资的冲突一天天尖锐化。那正是内战大爆发的时候，内地的现银向上海集中。金融界却只晓得做地皮，金子，公债，毫无企业的眼光。荪甫的姊丈杜竹斋便是一个，而且是胆子最小最贪近利的一个。荪甫自然反对这种态度。他和孙吉人、王和甫顶下了益中信托公司，打算大规模地办实业。他们一气兼并了八个制造日用品的小工厂，想将它们扩充起来，让那些新从日本移植到上海来的同部门的厂受到一个致命伤。荪甫有了这种大计划，便觉得双桥镇无用武之地，破坏了也不足深惜了。

　　但这是个最宜于做公债的年头；战事常常变化，投机家正可上下其手。荪甫本不赞成投机，而为迅速地扩充他们的资本，便也钻到公债里去。这明明是一个矛盾；时势如此，他无法避免。他们的企业的基础，因此便在风雨飘摇之中。这当儿他们的对头赵伯韬来了。他是美国资本家的"掮客"，代理他们来吞并刚在萌芽的民族工业的。那时杜竹斋早拆了信托公司的股；荪甫他们一面做公债，一面办厂，便周转不及；加上内战时货运阻滞，新收的八个厂的出品囤着销不出去。赵伯韬便用经济封锁政策压迫他们的公司，又在公债上与他们斗法。他们两边儿都不仅"在商言商"：荪甫接近那以实现民主政治标榜的政派，正是企业家的本色。赵伯韬是相对峙的一派，也是"掮客"的本色。他们又都代办军火；都做外力与封建军阀间媒介。他们做公债时，所想所行，却也不一定忠实于他们的政派。总之，矛盾非常多。荪甫他们做公债失败了，便压榨那八个厂的工人，但还是维持不下去。荪甫这时候气馁了，他只想顾全那二十万的血本，便投降赵伯韬也行。但孙、王两人不甘心，他们终于将那些厂直接顶给英、日的商人。现在他们用全力做公债了，荪甫将自己的厂和住房都押掉了，和赵伯韬作孤注一掷。他力劝杜竹斋和他们"打官司"；但结果杜竹斋反收了渔翁之利而去。荪甫这一下全完了。他几乎要自杀，后来却决定到庐山歇夏去。

这便是上文所谓"民族资本主义的发展与崩溃的缩影"。若觉得说得这么郑重，有些滑稽，那是因为我们的民族资本主义的进程本来滑稽得可怜。有人说这本书的要点只是公债、工潮。这不错，只要从这两项描写所占的篇幅就知道。但作者为什么这样写？他绝不仅要找些新花样，给读者换口味。这其间有一番道理。书中朱吟秋说：

从去年以来，上海一埠是现银过剩。银根并不要紧。

　　然而金融界只晓得做公债，做地皮，一千万，两千万，手面阔得很！碰到我们厂家一时周转不来，想去做十万八万的押款呀，那就简直像是要了他们的性命；条件的苛刻，真叫人生气。（四三面）

　　这并不是金融界人的善恶的问题而是时势使然。孙吉人说得好：

　　　　我们这次办厂就坏在时局不太平，然而这样的时局，做公债倒是好机会。（五三四面）

　　内战破坏了一切，只增长了赌博或投机的心理。虽像吴荪甫那样有大志有作为的企业家，也到处碰壁，终于还是钻入公债里去。这是我们民族资本主义崩溃的大关键，作者所以写益中公司的八个厂只用侧笔而以全力写公债者，便为的这个。至于写冯云卿等三人作公债而失败，那不过点缀点缀，取其与吴、赵两巨头相映成趣，觉得热闹些。但内战之外，外国资本的压迫也是中国民族工业的致命伤。这一点作者并未忽略；他只用陪笔，如赵伯韬所代理的托辣司①，益中公司将八个厂顶给英、日商家，周仲伟将火柴厂顶给日本商家之类。这是作者善于用短，好腾出篇幅来专写他熟悉的那一方面。——民族资本

　　① 今译为托拉斯，为垄断组织的高级形式。

主义在这两重压迫之下，自然会走向崩溃的路上去。

然而工厂主人起初还挣扎着，他们压榨工人。于是劳资关系渐趋尖锐化。这也可以成为促进资本主义崩溃的一个原因。但书中只写厂方如何利用工人，以及黄色工会中人的倾轧。也写工人运动，但他们的力量似乎很薄弱，一次次都失败了，不足以摇动大局。或者有人觉得作者笔下的工人太软弱些，但他也许不愿意铺张扬厉。他在《我们这文坛》一文（《东方杂志》三十卷一号）里说：

> 我们也唾弃那些，印板式的"新偶像主义"——对于群众行动的盲目而无批评的赞颂与崇拜。

他大约只愿意照眼睛所看的实在情形写；也只有这样才教人相信，才教人细想。书中写吴荪甫的丝厂里一次怠工，一次罢工；怠工从旁面着笔，罢工才从正面着笔。他写吴荪甫的愤怒，工厂管理人屠维岳的阴贼险恶，工会里的暗斗，工人的骚动，共产党的指挥，军警的捕捉，——罢工的各方面的姿态，在他笔底下总算有声有色。接着叙周仲伟火柴厂的工人到他家要求不停工的故事。这是一幕悲喜剧；无论如何，那轻快的进行让读者松一口气，作为一个陪笔是颇巧妙的。

书中以"父与子"的冲突开始，便是封建道德与资本主义的道德的冲突。但作者将吴荪甫的老太爷，写得那么不经事，一到上海，便让上海给气死了，未免干脆得不近情理。再则这

第一章的主旨所谓"父与子"的冲突与全书也无甚关涉。揣想作者所以如此开端，大约只是为了结构的方便，接着便可以借着吴太爷的大殓好同时介绍全书各方面的人物。这未免太取巧了些。但如冯云卿利用女儿事，写封建道德的破产，却好。书中有一章专写农民的骚动；写冯云卿的时候，也间接地概括地说到这种情形以及地主威权的动摇。这些都暗示封建农村的势力在崩溃着。但那些封建的军阀在书中还是活跃着的。作者在《我们的文坛》里说将来的文艺该是"批判"的；"严密的分析"，"严格的批评"。他自己现在显然已向着这条路走。

吴荪甫的家庭和来往的青年男女客人，也是书中重要的点缀，东一鳞西一爪的。这些人大抵很闲，作诗，做爱，高谈政治经济，唱歌，打牌，甚至练镖，看《太上感应篇》等等，就像天底下一切无事似的。而吴荪甫却老是紧张地出入于几条火线当中。他们真像在两个世界里。作者写这些人，也都各具面目。但太简单了，好像只钩了个轮廓就算了，如吴少奶奶，她的妹妹，四小姐，阿萱，杜学诗，李玉亭等。诗人范博文却形容太甚，仿佛只是一个笑话，杜新锋写得也过火些。至于吴芝生，却又太不清楚。作者在后记里也承认书里有几个小结构，因为夏天他身体不大好，没有充分地发展开去，这实在很可惜。人物写得好的，如吴荪甫、屠维岳的刚强自信，赵伯韬的狠辣，杜竹斋的胆小贪利。可是吴、屠两人写得太英雄气概了，吴尤其如此，因此引起一部分读者对于他们的同情与偏爱，这怕是作者始料所不及罢。而屠维岳，似乎并没有受过新教育的人，向吴荪甫说的话那样欧化，也是不确当的。作者擅长描写女人，但这本书里却没有怎样出色的，大约非意所专注之故。

作者描写农村的本领，也不在描写都市之下。《林家铺子》（收在《春蚕》中），写一个小镇上一家洋广货店的故事，层层剖剥，不漏一点儿，而又委曲入情，真可算得"严密的分析"。私意这是他最佳之作。还有《春蚕》《秋收》两短篇（均在《春蚕》中），也"分析"得细。我们现代的小说，正该如此取材，才有出路。

内地描写

——读舒新城先生《故乡》的感想

　　前些日子读了舒新城先生的《故乡》，知道了内地的许多情形，觉得很有意思。我们这些人对于现代的中国知道的实在太少；自己住在大都市里，处处用大都市的眼光看，好像高远得很，有许多地方却不切实际。我们所看到的往往老是一个角落；凭你怎么大的都市，就说北平、上海吧，在整个中国里，也只算一个角落罢了。北平、上海有它们可爱可恨之点；但内地许多城乡市镇，也有它们的可爱可恨之点，为北平、上海所没有的。内地是真正的中国老牌，懂得内地生活，才懂得"老中国的儿女"；若用北平、上海等处来概括一切，那只是抹杀一切罢了。

　　现在研究内地情形的渐渐多了，这是好现象。新文学里的内地描写，从鲁迅先生创始，小说中以内地为背景的不少；近年来茅盾先生《春蚕》等篇是大家都知道的。散文里向这方面取材的，却似乎还不多；除了游记的一部分。过去的散文大抵以写个人的好恶为主，而以都市或学校为背景；一般所谓"身边琐事"的便是。老这样写下去，笔也许太腻，路也许太窄；内地描写却似乎正可以济其穷。

游记里的描写常嫌简略，而走马看花，说出来也不甚贴切。报纸上倒不时有内地情形的记载，简略是不用说，面板板的没生气，当然不能动人。现在所需要的是仔细的观察，翔实的描写。一种风俗，一种人情，一处风景，只要看出它们的特异之处，有选择地、有条理地写出来，定可给读者一种新知识，新情趣——或者说，新了解，新态度。这种了解与态度，在实际上即使一时还不能发生影响，但是做了中国人，多了解中国一些，总不坏的。

这种内地描写，哪样人动手好呢？生长在本地的人，情形最熟悉；可是眼界小，缺乏参考比较的资料，怕说不出什么来。他们只生活在一种环境里，没有别种亲切的体验；如鱼相忘于江湖，虽有苦乐，却觉得都是自然的，不生什么疑问。旅行人呢，又苦于情形太不熟悉，居留期也多不长；他们所得的，常是片段的浮浅的经验，说出来没有多少分量。最好是生长在本地而又在外边来去的人；其次是长时期旅居的人。但是还得有眼有笔；有眼才能看得透，有笔才能写得动人。近来《独立评论》上也常见记载内地疾苦的通信，比一般报纸上的要翔实些；可是只是散漫的报告。假如能够再加组织，再加发展，便更可引人注意，而成为文学作品了。

所以最适宜于动手的，是寒暑假回家的大学生高中学生。

其次是假期旅行的知识分子，——近几年假期旅行之风渐盛，大学教授更多。这原是外国脾气，为的是变换变换环境，本意在个人的愉快。但是在现在情形之下，似乎可以利用这个机会，到内地看看，作一举两得之计。倘若像现在的样子，都跑到青岛，庐山，南京，上海去，那么，酒食征逐之外，似乎好处很少。至于内地旅行不便，也是实情；但是交通渐渐改善，先拣火车通的地方去也未尝不可。

话说回来，这种描写用不着欧化的文字。内地生活，欧化的成分极少，用本国的文调尽可表现。像《故乡》写得就很显豁，很活泼。这本书原来是写给一个朋友的许多信集成的，像寻常谈话一般，读了亲切有味。这种谈话风的文章，正是我们所需要的；只要下笔的时候，心里想着是在写信就行，并用不到如何训练的。至于掺进些报章气味在这种文字里，原也无妨，不过怕读者觉得不大真切。总之，也不必太严格讲求技巧；因为那么着，动手的人就少了。

《老张的哲学》与《赵子曰》^①

  《老张的哲学》，为一长篇小说，叙述一班北平闲民的可笑的生活，以一个叫"老张"的故事为主，复以一对青年的恋爱问题穿插之。在故事的本身，已极有味，又加以著者讽刺的情调，轻松的文笔，使本书成为一本现代不可多得之佳作，研究文学者固宜一读，即一般的人们亦宜换换口味，来阅看这本新鲜的作品。

  《赵子曰》这部作品的描写对象是学生的生活。以轻松微妙的文笔，写北平学生生活，写北平公寓生活，非常逼真而动人，把赵子曰等几个人的个性活活地浮现在我们读者的面前。后半部却入于严肃的叙述，不复有前半部的幽默，然文笔是同样的活跃。且其以一个伟大的牺牲者的故事作结，很使我们有无穷的感喟。这部书使我们始而发

笑，继而感动，终于悲愤了。（十七年十月《时事新报》）

这是商务印书馆的广告。虽然是广告，说得很是切实，可作两条短评看。从这里知道这两部书的特色是"讽刺的情调"和"轻松的文笔"。

讽刺小说，我们早就有了《儒林外史》，并不是"新鲜"的东西。《儒林外史》的讽刺，"戚而能谐，婉而多讽"（鲁迅《中国小说史略》二十三篇），以"含蓄蕴酿"为贵。后来所谓"谴责小说"，虽出于《儒林外史》，而"辞气浮露，笔无藏锋"，"描写失之张皇，时或伤于溢恶，言违真实，则感人之力顿微"（《中国小说史略》二十八篇）。这是讽刺的艺术的差异。前者本于自然的真实，而以精细的观察与微妙的机智为用。后者是在观察的事实上，加上一层夸饰，使事实失去原来的轮廓。这正和上海游戏场里的"哈哈镜"一样，人在镜中看见扁而短或细而长的自己的影子，满足了好奇心而暂时地愉快了。但只是"暂时的"愉快罢了，不能深深地印入人心坎中。这种讽刺的手法与一般人小说的观念是有连带关系的，从前人读小说只是消遣，作小说只是游戏。"谴责小说"与一切小说一样，都是戏作。所谓"谴责"或讽刺，虽说是本于愤世嫉俗的心情，但就文论文，实在是嘲弄的喜剧味比哀矜的悲剧味多得多。这种小说总是杂集"话柄"；"联缀此等，以成类书"（《中国小说史略》二十八篇）。"话柄"固人人所难免，但一人所行，绝无全是"话柄"之理。如李伯元《官场现形记》，只叙此种，仿佛书中人物只有"话柄"而没有别的生活一样，而所叙又加增饰。这样，便将书中人全写成变态的了。《儒林外史》有时也不免如此，但就大体说，文笔较为平实和婉曲，与此固不能并论。小说既系戏作，由《儒林外史》变为"谴责小说"，却也是自然的趋势。至于不涉游戏的严肃的讽刺，直到近来才有；鲁迅先生的《阿 Q 正传》，可为代表。这部书是类型的描写；沈雁冰先生说得好：中国没有这样"一个"人，但这是一切中国人的"谱"（大意）。我们大家都分得阿 Q 的一部分。将阿 Q 当作"一个"人看，这部书确是夸饰，但将他当作我们国民性的化身看，便只觉亲切可味了。而文笔的严冷隐隐地蕴藏着哀矜的情调，那更是从前的讽刺或谴责小说所没有。这是讽刺的态度的差异。

这两部书里的"讽刺的情调"是属于哪一种呢？这不是可以简单回答的。《赵子曰》的广告里称赞作者个性的描写。不错，两部书里各人的个性确很分明。在这一点上，它们是近于《儒林外史》的；因为《官场现形记》和《阿 Q 正传》等都不描写个性。但两书中所描写的个性，却未必全能"逼真而动人"。从文笔论，与其说近于《儒林外史》，还不如说近于"谴责小说"。即如两位主人公，老张与赵子曰：老舍先生写老张的"钱本位"的哲学，确乎是酣畅淋漓，阐扬尽致；但似乎将"钱本位"这个特点太扩大了些，或说太尽致了些。我们固然觉得"可笑"，但谁也未必信世界上真有这样"可笑"的人。老舍先生或者将老张写成一个"太"聪明的人，但我们想老张若真这样，那就未免"太"傻了；傻得近于疯狂了。如第十五节云：

> 他（老张）只不住地往水里看，小鱼一上一下地把水拨成小圆圈，他总以为有人从城墙上往河里扔铜元，打得河水一圈一圈的。以老张的聪明，自然不久地明白那是小鱼们游戏，虽然，仍屡屡回头望也！

这自然是"钱本位"的描写；是太聪明？是太傻？我想不用我说。至于赵子曰，他的名字便是一个玩笑；你想得出谁曾有这样一个怪名字？世上是有不识不知的人，但大学生的赵子曰不会那样昏聩糊涂，和白痴相去不远，却有些出人意表！其余的角色如《老张的哲学》中的龙树古、蓝小山，《赵子曰》中的周少濂、武端、莫大年、欧阳天风，也都有写得过火的地方。这两部书与"谴责小说"不同的，它们不是杂集话柄而是性格的扩大描写。在这一点上，又有些像《阿Q正传》。但《正传》写的是类型，不妨用扩大的方法；这两部书写的是个性，用这种方法便不适宜。这两部书还有一点可以注意：它们没有一贯的态度。它们都有一个严肃的悲惨的收场，但上文却都有不少的游戏的调子；《赵子曰》更其如此。广告中说"这部书使我们始而发笑，继而感动，终于悲愤了"。"发笑"与"悲愤"这两种情调，足以相消，而不足以相成。这两部书若用一贯的情调或态度写成，我想力量一定大得多。然而有这样严肃的收场，便已异于"谴责小说"而为现代作品了。

两部书中的人物，除《老张的哲学》中的老张、南飞生、蓝小山，《赵子曰》中的欧阳天风外，大都是可爱的。他们各有缺点和优点。只有《赵子曰》中的李景纯，似乎没有什么缺点；正和老张等之没有什么优点一样。李景纯是这两部书中唯一的英雄；他热心苦口，领导着赵子曰去做好人；他忍受欧阳天风的辱骂，不屑与他辩论；他尽心竭力保护王女士，而毫无所求；他"为民间除害"而牺牲了自己。老舍先生写李景纯，始终是严肃的；在这里我们看见作者的理想的光辉。这两部书若可说是描写"钱本位"与人本位的思想的交战的，那么李景纯是后者的代表而老张不用说是前者的代表——欧阳天风也是的。其余的人大抵挣扎于两者之间，如龙树古，武端都是的。在《老张的哲学》里，人本位是无声无臭地失败了。在《赵子曰》里，人本位虽也照常失败，但却留下光荣的影响：莫大年，武端，赵子曰先后受了李景纯的感化，知道怎样努力做人。前书只有绝望，后书却有了希望；这或许与我们的时代有关，书中有好几处说到革命，可为佐证。在这一点上，《赵子曰》的力量，胜过《老张的哲学》。可是书中人物的思想都是很浅薄的；《老张的哲学》里的不用说，便是李景纯，那学哲学的，也不过如此。大约有深一些的思想的人，也插不进这两部书里去罢？至于两书中最写得恰当的人，我以为要算《老张的哲学》里的赵姑父赵姑母。这是一对可爱的老人。如第十三节云：

　　王德、李应买菜回来，姑母一面批评，一面烹调。批评得太过，至于把醋当了酱油，整匙的往烹锅里下。忽然发觉了自己的错误，于是停住批评，坐在小凳上笑得眼泪一个挤着一个往下滴。

　　……

　　赵姑母不等别人说话，先告诉她丈夫，她把醋当作了酱油。

　　赵姑父听了，也笑得流泪，他把鼻子淹了一大块。

　　这里写赵姑母的唠叨和龙钟，惟妙惟肖；老夫妇情好之笃，也由此可见。这是一段充满了生活趣味的描写。两书中除李景纯和这一对老夫妇外，其余的人物描写，大抵是不免多少"张皇"的。——这也可以说是不一贯的地方。

　　这两部书的结构，大体是紧凑的。《老张的哲学》里时间，约莫一年；《赵子曰》里的，只是由冬而夏的三季。时间的短促，有时可以帮助结构。《老张的哲学》里主角颇多，穿插甚难恰到好处；老舍先生布置各节，似乎很苦心。《赵子曰》是顺次的叙述，每章都有主人公在内，自然比较容易。又《赵子曰》共二十七章，除八、九、十三章叙赵子曰在天津的事以外，别的都以北京为背景；《老张的哲学》却忽而乡，忽而城，错综不一，这又比较难些。《老张的哲学》里没有不关紧要的叙述，《赵子曰》里却有：第二章第四节叙赵子曰加入足球队，实在可有可无；又八、九、十三章，也似乎太详些——主角在北京，天津的情形，不妨少叙些。《老张的哲学》以两个女子为全篇枢纽，她们都出面；《赵子曰》以一个王女士为枢纽，却不出面。虽不出面，但书中人却常常提到她；虽提到她，却总未说破，她是怎样的人。像闷葫芦一样，直到末章才揭开了，由她给李景纯的信里，叙出她的身世。这样达到了"极点"，一切都有了着落。这种布置确比《老张的哲学》巧些。两书结尾都有毛病：《老张的哲学》末尾找补书中未死各人的结局，散漫无归；《赵子曰》末一段赵子曰向莫大年、武端说的话，意思不大明显，不能将全篇收住。又两书中作者现身解释的地方太多，这是"辞气浮露"的一因。而一章或一节的开端，往往有很长的解释或议论，似乎是旧小说开端的滥调，往往很煞风景的。又两书描写有类似的地方，似乎也不大好：《老张的哲学》里的孙八常说"多辛苦"一句话，《赵子曰》里的武端也常说"你猜怎么着"，这未免有些单调；为什么每部书里总该有这样一个人？至于"轻松的文笔"，那是不错的。老舍先生的白话没有旧小说白话的熟，可是也不生；只可惜虽"轻松"，却不甚隽妙。可称为隽妙的，除赵姑父赵姑母的描写及其一二处外，便只有写景了；写景是老舍先生的拿手戏，差不多都好。现在举一节我最喜欢的：

> 那粉团似的蜀菊，衬着嫩绿的叶儿，迎着风儿一阵阵抿着嘴儿笑。那长长的柳条，像美女披散着头发，一条一条地慢慢摆动，把南风都摆动得软了，没有力气了。那高

峻的城墙长着歪着脖儿的小树，绿叶底下，青枝上面，藏着那么一朵半朵的小红牵牛花。那娇嫩刚变好的小蜻蜓，也有黄的，也有绿的，从净业湖而后海而什刹海而北海而南海，一路弯着小尾巴在水皮儿上一点一点；好像北京是一首诗，他们在绿波上点着诗的句读。净业湖畔的深绿肥大的蒲子，拔着金黄色的蒲棒儿，迎着风一摇一摇的替浪声击着拍节。什刹海中的嫩荷叶，卷着一些幽情，放开的像给诗人托出一小碟子诗料。北海的渔船在白石栏的下面，或是湖心亭的旁边，和小野鸭们挤来挤去的浮荡着；时时的小野鸭们噗喇噗喇擦着水皮儿飞，好像替渔人的歌唱打着锣鼓似的："五月来呀南风吹"噗喇噗喇，"湖中的鱼儿"噗喇；"嫩又肥"噗喇噗喇。……那白色的塔，蓝色的天，塔与天的中间飞着那么几只灰野鸽：一上一下，一左一右，诗人的心随着小灰鸽飞到天外去了。……（《赵子曰》第十六章第一节）

这是不多不少的一首诗。

叶圣陶的短篇小说

　　圣陶谈到他作小说的态度，常喜欢说：我只是如实地写。这是作者的自白，我们应该相信。但他初期的创作，在"如实地"取材与描写之外，确还有些别的，我们称为理想，这种理想有相当的一致，不能逃过细心的读者的眼目。后来经历渐渐多了，思想渐渐结实了，手法也渐渐老练了，这才有真个"如实地写"的作品。仿佛有人说过，法国的写实主义到俄国就变了味，这就是加进了理想的色彩。假使这句话不错，圣陶初期的作风可以说是近于俄国的，而后期可以说是近于法国的。

　　圣陶的身世和对于文艺的见解，顾颉刚先生在《隔膜》序里说得极详。我所见他的生活，也已具于另一文。这里只须指出他是生长在一个古风的城市——苏州——中的人，后来又在一个乡镇——角直——里住了四五年，一径是做着小学教师；最后才到中国工商业中心的上海市，做商务印书馆的编辑，直至现在。这二十年来时代的大变动，自然也给他不少的影响：

辛亥革命，他在苏州；五四运动，他在甪直；五卅运动与国民革命，却是他在上海亲见亲闻的。这几行简短的历史，暗示着他思想变迁的轨迹，他小说里所表现的思想变迁的轨迹。

因为是"如实地写"，所以是客观的。他的小说取材于自己及家庭的极少，又不大用第一身，笔锋也不常带情感。但他有他的理想，在人物的对话及作者关于人物或事件的解释里，往往出现，特别在初期的作品中。《不快之感》或《啼声》是两个极端的例子。这是理智的表现。圣陶的静默，是我们朋友里所仅有；他的"爱智"，不是偶然的。

爱与自由的理想是他初期小说的两块基石。这正是新文化运动开始时的思潮；但他能用艺术表现，便较一般人为深入。他从母爱性爱一直写到儿童送一个小蚬回家，真算得博大周详。母爱的力量在牺牲自己；顾颉刚先生最爱读的《潜隐的爱》（见顾先生《火灾》序），是一篇极好的代表。一个孤独的蠢笨的乡下妇人用她全部的心与力，偷偷摸摸去爱一个邻家的孩子。这是透过一层的表现。性爱的理想似乎是夫妇一体，《隔膜》与《未厌集》中两篇《小病》，可以算相当的实例。但这个理想是不容易达到的；有时不免来点儿"说谎的艺术"（看《火灾》中《云翳》篇），有时母爱分了性爱的力量，不免觉得"两样"；夫妇不能一体时，有时更免不了离婚。离婚是近年常有的现象。但圣陶在《双影》里所写的是女的和男的离了婚，另嫁了一个气味相投的人；后来却又舍不得那男的。这是一个怪思想，是对夫妇一体论的嘲笑。圣陶在这问题上，也许终于是个"怀疑派"罢？至于广泛地爱人爱动物，圣陶以为只有孩子们行；成人是只有隔膜与冷酷罢了。《隔膜》，《游泳》(《线下》中)，《晨》便写的这一类情形。他又写了些没有爱的人的苦闷，如《归宿》里的青年，《春光不是她的了》里被离弃的妇人，《孤独》里的"老先生"都是的。而《被忘却的》(《火灾》中)里田女士与童女士的同性爱，也正是这种苦闷的另一样写法。

自由的一面是解放，还有一面是尊重个性。圣陶特别着眼在妇女与儿童身上。他写出被压迫的妇女，如农妇，童养媳，歌女，妓女等的悲哀；《隔膜》第一篇《一生》便是写一个农妇的。对于中等家庭的主妇的服从与苦辛，他也有哀矜之意。《春游》(《隔膜》中)里已透露出一些反抗的消息；《两封回信》里说得更是明白：女子不是"笼子里的画眉，花盆里的蕙兰"，也不是"超人"；她"只是和一切人类平等的一个'人'"。他后来在《未厌集》里还有两篇小说(《遗腹子》《小妹妹》)，写重男轻女的传统对于女子压迫的力量。圣陶做过多年小学教师，他最懂得儿童，也最关心儿童。他以为儿童不是供我们游戏和消遣的，也不是给我们防老的，他们应有他们自己的地位。他们有他们的权利与生活，我们不应嫌恶他们，也不应将他们当作我们的具体而微看。《啼声》(《火灾》中)是用了一个女婴口吻的激烈的抗议；在圣陶的作品中，这是一篇仅见的激昂的文字。但写得好的是《低能儿》《一课》《义儿》《风潮》等篇；前两篇写儿童的爱好自然，后两篇写教师以成人看待儿童，以致有种种的不幸。其中《低能儿》是早经著名的。此外，他还写了些被榨取着的农人，那些都是被田租的重负压得不能喘气的。他憧憬着"艺术的生活"，艺术的生活是自由的，发展个性的；而现在我们的生活，却都被揿在些一定的模型或方式里。圣陶极厌恶这些模型或方式；在这些方式之下，他"只觉一个虚幻的自己包围在广大的虚幻里"。（见《隔膜》中《不快之感》）

圣陶小说的另一面是理想与现实的冲突。假如上文所举各例大体上可说是理想的正面或负面的单纯表现，这种便是复杂的纠纷的表现。如《祖母的心》（《火灾》中）写亲子之爱与礼教的冲突，结果那一对新人物妥协了；这是现代一个极普遍极葛藤的现象。《平常的故事》里，理想被现实所蚕食，几至一些无余；这正是理想主义者烦闷的表白。《前途》与此篇调子相类，但写的是另一面。《城中》写腐败社会对于一个理想主义者的疑忌与阴谋；而他是还在准备抗争。《校长》与《搭班子》里两个校长正在高高兴兴地计划他们的新事业，却来了旧势力的侵蚀；一个妥协了，一个却似乎准备抗争一下。但《城中》与《搭班子》只说到"准备"而止，以后怎样呢？是成功？失败？还是终于妥协呢？据作品里的空气推测，成功是不会的；《城中》的主人公大概要失败，《搭班子》里的大概会妥协吧？圣陶在这里只指出这种冲突的存在与自然的进展，并没有暗示解决的方法或者出路。到写《桥上》与《抗争》，他似乎才进一步地追求了。《桥上》还不免是个人的"浪漫"的行动，作者没有告诉我们全部的故事；《抗争》却有"集团"的意义，但结果是失败了，那领导者做了祭坛前的牺牲。圣陶所显示给我们的，至此而止。还有《在民间》是冲突的别一式。

圣陶后期作品（大概可以说从《线下》后半部起）的一个重要的特色，便是写实主义手法的完成。别人论这些作品，总侧重在题材方面；他们称赞他的"对于城市小资产阶级的描写"。这是并不错的。圣陶的生活与时代都在变动着，他的眼从村镇转到城市，从儿童与女人转到战争与革命的侧面的一些事件了。他写城市中失业的知识工人（《城中》里的《病夫》）和教师的苦闷；他写战争时"城市的小资产阶级"与一部分村镇人物的利己主义，提心吊胆，琐屑等（如茅盾先生最爱的《潘先生在难中》及《外国旗》）。他又写战争时兵士的生活（《金耳环》）；又写"白色的恐怖"（如《夜》《冥世别》——《大江月刊》三期）和"目前政治的黑暗"（如《某城纪事》）。他还有一篇写"工人阶级的生活"的《夏夜》（《未厌集》，看钱杏邨先生《叶绍钧的创作的考察》，见《现代中国文学作家》第二卷）。他这样"描写了广阔的世间"；茅盾先生说他作《倪焕之》时才"第一次描写了广阔的世间"，似乎是不对的（看《读〈倪焕之〉》，附录在《倪焕之》后面）。他诚然"长于表现城市小资产阶级"（钱语），但他并不是只长于这一种表现，更不是专表现这一种人物，或侧重于表现这一种人物，即使在他后期的作品里。这时期圣陶的一贯的态度，似乎只是"如实地写"一点；他的取材只是选择他所熟悉的，与一般写实主义者一样，并没有显明的"有意的"目的。他的长篇作品《倪焕之》，茅盾先生论为"有意为之的小说"，我也有同感；但他在《作者自记》里还说："每一个人物，我都用严正的态度如实地写"，这可见他所信守的是什么了。这时期中的作品，大抵都有着充分的客观的冷静（初期作品如《饭》也如此，但不多），文字也越发精练，写实主义的手法至此才成熟了；《晨》这一篇最可代表，是我所最爱的。——只有《冥世别》是个例外；但正如鲁迅先生写不好《不周山》一样，圣陶是不适于那种表现法的。日本藏原惟人《到新写实主义之路》（林伯修译）里说写实主义有三种。圣陶的应属于第二种，所谓"小布尔乔亚写实主义"；在这一点上说他是小资产阶级的作家，我可以承认。

　　我们的短篇小说，"即兴"而成的最多，注意结构的实在没有几个人；鲁迅先生与圣陶便是其中最重要的。他们的作品都很多，但大部分都有谨严而不单调的布局。圣陶的后期作品更胜于初期的。初期里有些别体，《隔膜》自颇紧凑，但《不快之感》及《啼声》，就没有多少精彩；又《晓行》《旅路的伴侣》两篇（《火灾》中），虽穿插颇费苦心，究竟嫌破碎些（《悲哀的重载》却较好）。这些时候，圣陶爱用抽象观念的比喻，如"失望之渊""烦闷之渊"等，在现在看来，似乎有些陈旧或浮浅了。他又爱用骈句，有时使文字失去自然的风味。而各篇中作者出面解释的地方，往往太正经，又太多。如《苦菜》《隔膜》中固是第一身的叙述，但后面那一个公式与其说明，也太煞风景了。圣陶写对话似不顶擅长。各篇中对话往往嫌平板，有时说教气太重；这便在后期作品中也不免。圣陶写作最快，但绝非不经心；他在《倪焕之》的《自记》里说："斟酌字句的癖习越来越深"，我们可以知道他平日的态度。他最擅长的是结尾，他的作品的结尾，几乎没有一篇不波俏的。他自己曾戏以此自诩；钱杏邨先生也说他的小说，"往往在收束的地方，使人有悠然不尽之感"。

现代人眼中的古代

——介绍郭沫若著《十批判书》

约莫十年前，冯友兰先生提出"释古"作为我们研究古代文化的态度。他说的"释古"，是对向来的"尊古""信古"和近代的"疑古"而言，教我们不要一味地盲信，也不要一味地猜疑，教我们客观地解释古代。但这是现代人在解释，无论怎样客观，总不能脱离现代人的立场。即如冯友兰先生的《中国哲学史》的分期，就根据了种种政治经济社会的变化，而不像从前的学者只是就哲学谈哲学，就文化谈文化。这就是现代人的一种立场。现代知识的发展，让我们知道文化是和政治经济社会分不开的，若将文化孤立起来讨论，那就不能认清它的面目。但是只求认清文化的面目，而不去估量它的社会作用，只以解释为满足，而不去批判它对人民的价值，这还只是知识阶级的立场，不是人民的立场。

有些人看到了这一点，努力地试验着转换立场来认识古代，评价古代。中国古代社会史论战就是这样开始的。这大概是二十五年前的事了。但是这个试验并不容易，先得对古代的纪录有一番辨析和整理功夫，然后下手，才能有些把握，才不至于曲解，不至于公式化。而对人民的立场，也得多少经过些实际生活的体验，才能把握得住；若是只凭空想，也只是公式化。所以从迷信古代，怀疑古代到批判古代，中间是得有解释古代这一步工作才成。这一步工作，让我们熟悉古代文化，一点一滴里的将它安排在整个社会来看。我们现在知道若是一下子就企图将整个古代文化放在整个社会机构里来看，那是不免于生吞活剥的。

说到立场，有人也许疑心是主观的偏见而不是客观的态度，至少也会妨碍客观的态度。其实并不这样。我们讨论现实，讨论历史，总有一个立场，不过往往是不自觉的。立场大概可别为传统的和现代的；或此或彼，总得取一个立场，才有话可说。就是听人家说话，读人家文章，或疑或信，也总有一个立场。立场其实就是生活的态度；谁生活着总有一个对于生活的态度，自觉的或不自觉的。对古代文化的客观态度，也就是要设身处地理解古人的立场，体会古人的生活态度。盲信古代是将自己一代的愿望投影在古代，这是传统的立场。猜疑古代是将自己一代的经验投影在古代，这倒是现代的立场。但是这两者都不免强古人就我，将自己的生活态度，当作古人的生活态度，都不免主观的偏见。客观的解释古代，的确是进了一步。理解了古代的生活态度，这才能亲切地做那批判的工作。

中国社会史论战结束的时候，郭沫若先生写成了他的《中

国古代社会研究》。这是转换立场来研究中国古代的第一部系
统的著作，不但"博得了很多的读者"，也发生了很大的影响。
抗战以来的许多新史学家，似乎多少都曾受到这部书的启示。
但是郭先生在《十批判书》里，首先就批判这部书，批判他自
己。他说：

> 我首先要谴责自己。我在一九三〇年发表了《中国古
> 代社会研究》那一本书，虽然博得了很多的读者，实在是
> 太草率，太性急了。其中有好些未成熟的或甚至错误的判
> 断，一直到现在还留下相当深刻的影响。有的朋友还沿用
> 着我的错误的征引，而又引到另一错误的判断，因此关于
> 古代的面貌，引起了许多新的混乱。

我们相信这是他的诚实的自白。
但是他又说：

> 关于秦以前的古代社会的研究，我前后费了将近十五
> 年的工夫，现在是能达到了能够作自我批判的时候，也就
> 是说能够作出比较可以安心的序说的时候。

我们也相信这是他的诚实的自白。在《后记》里又说：

> 秦汉以前的材料，差不多我彻底剿翻了。考古学上

的，文献学上的，文字学，音韵学，因明学，就我所能涉猎的范围内，我都作了尽我可能的准备和耕耘。

有了上段说的"将近十五年的工夫"和这儿说的"准备和耕耘"，才能写下这一部《十批判书》。

最重要的，自然还是他的态度。《后记》里也说得明白：

> 批评古人，我想一定要同法官断狱一样，须得十分周详，然后才不致冤曲。法官是依据法律来判决是非曲直的，我呢是依据道理。道理是什么呢？便是以人民为本位的这种思想，合乎这种道理的便是善，反之便是恶。我之所以比较推崇孔子和孟轲，也因为他们的思想在各家中是比较富于人民本位的色彩的。

这"人民本位"的思想，加上郭先生的工夫，再加上给了他"精神上的启蒙"的辩证唯物论，就是这一部《十批判书》之所以成为这一部《十批判书》。

十篇批判，差不多都是对于古代文化的新解释和新评价，差不多都是郭先生的独见。这些解释和评价的新处，《后记》中都已指出。郭先生所再三致意的有两件事：一是他说周代是奴隶社会而不是新意义的封建社会。二是他说"在公家腐败，私门前进的时代，孔子是扶助私门而墨子是袒护公家的"。他"所见到的孔子是由奴隶社会变为封建社会的那个上行阶段中的前驱者"，而墨子"纯全是一位宗教家，而且是站在王公大人立场的人"。这两层新史学家都持着相反的意见，郭先生赞同新史学家的立场或态度，却遗憾在这两点上彼此不能相同。我们对于两造是非很不容易判定。但是仔细读了郭先生的引证和解释，觉得他也是持之有故，言之成理的。在后一件上，他似乎是恢复了孔子的传统地位。但这是经过批判了的，站在人民的立场上重新估定的，孔子的价值，跟从前的盲信不能相提并论。

联带着周代是奴隶社会的意见，郭先生并且恢复了传统的井田制。他说"施行井田的用意"，"一是作为榨取奴隶劳力的工作单位，另一是作为赏赐奴隶管理者的报酬单位"。他说：

> 井田制的破坏，是由于私田的产生，而私田的产生，则由于奴隶的剩余劳动之尽量榨取。这项劳动便是在井田制的母胎中破坏了井田制的原动力！

这里用着辩证唯物论，但我们不觉得是公式化。他以为《春秋》宣公十五年"初税亩"三个字"确是新旧两个时代的分水岭"，"因为在这时才正式地承认了土地的私有"。"这的确是井田制的死刑宣布，继起的庄园制的汤饼会。"

传统之所以为传统，有如海格尔所说"凡存在的总是有道理的"。我们得研究那些道理，那些存在的理由，一味地破坏传统是不公道的。郭先生在新的立场上批判地承认了一些传统，虽然他所依据的是新的道理，但是传统的继续存在，却多少能够帮助他的批判，让人们起信。因为人们原就信惯了这些传统，现在意义虽然变了，信起来总比较崭新的理论容易些。郭先生不但批判地承认了一些传统，还阐明了一些，找补了一些。前者如"吕不韦与秦王政"，阐明"秦始皇与吕不韦，无论在思想上同政见上，完全是立于两绝端"。"吕不韦是代表着新兴阶层的进步观念，而企图把社会的发展往前推进一步的人，秦始皇则相反，他是站在奴隶主的立场，而要把社会扭转。"这里虽然给了了新评价，但秦始皇的暴君身份和他对吕不韦找冲突，是传统里有的。

后者如儒家八派，稷下黄老学派，以及前期法家，都是传统里已经失掉的一些连环，郭先生将它们找补起来，让我们认清楚古代文化的全貌，而他的批判也就有了更充实的根据。特别是稷下黄老学派，他是无意中在《管子》书里发现了宋钘、尹文的遗著，因而"此重要学派重见天日，上承孔、墨，旁逮孟、庄，下及荀、韩，均可得其联锁"。他又"从《墨经》上下篇看出了墨家辩者有两派的不同"："上篇盈坚白，别同异"，"下篇离坚白，合同异"。"这个发现在《庄子》以后是为前人所从未道过的"。对于名家辩者的一些"观念游戏"或"诡辩"，他认为必然有它们的社会属性。如惠施的"山渊平，天地比"，"是晓示人民无须与王长者争衡"，高低原只是相对的。又如公孙龙的"白马非马"，可以演绎为"暴人非人"，那么杀暴人非杀人，暴政就有了借口。

　　郭先生的学力，给他的批判提供了充实的根据，他的革命生活，亡命生活和抗战生活，使他亲切地把握住人民的立场。他说"现在还没有达到可以下结论的时候，自然有时也不免要用辩论的笔调"。他的辩论的笔调，给读者启示不少。他"要写得容易懂"，他写得确是比较容易懂；特别是加上那带着他的私人情感的《后记》，让人们更容易懂。我推荐给关心中国文化的人们，请他们都读一读这一部《十批判书》。

论 白 话

——读《南北极》[①]和《小彼得》[②]的感想

　　读完《南北极》与《小彼得》，有些缠夹的感想，现在写在这里。

　　当年胡适之先生和他的朋友们提倡白话文学，说文言是死的，白话是活的。什么叫作"活的"？大家似乎全明白，可是谁怕也没有仔细想过。是活在人人嘴上的？这种话现在虽已有人试记下来，可是不能通行；而且将来也不准能通行（后详）。后来白话升了格叫作"国语"。国语据说就是"蓝青官话"，一人一个说法，大致有一个不成文的谱。这可以说是相当的"活的"。但是写在纸上的国语并非蓝青官话；它有比较划一的体裁，不能够像蓝青官话那样随随便便。这种体裁是旧小说，文言，语录夹杂在一块儿，是在清末的小说家手里写定的。它比

---

① 穆时英（1912—1940）于1932年出版的短篇小说集。
② 张天翼（1906—1985）于1931上出版的短篇小说集。

100

文言近于现在中国大部分人的口语，可是并非真正的口语，换句话说，这是不大活的。胡适之先生称赞的《侠隐记》的文字和他自己的便都是如此。

周作人先生的"直译"，实在创造了一种新白话，也可以说新文体。翻译方面学他的极多，像样的却极少；"直译"到一点不能懂的有的是。其实这些只能叫作"硬译""死译"，不是"直译"。写作方面周先生的新白话可大大地流行，所谓"欧化"的白话文的便是。这是在中文里掺进西文的语法；在相当的限度内，确能一新语言的面目。流弊所至，写出"三株们的红们的牡丹花们"一类句子，那自然不行。这种新白话本来只是白话"文"，不能上口说。流行既久，有些句法也就跑进口语里，但不多。周先生自己的散文不用说用这种新白话写；可是他不但欧化，还有点儿日化，像那些长长的软软的形容句子。学这种的人就几乎没有。因为欧化文的流行一半也靠着懂英文的多，容易得窍儿；懂日文的却太少了。

创造社对于语言的努力，据成仿吾先生说，有三个方针，"一、极力求合于文法；二、极力采用成语，增进语汇；三、试用复杂的构造。"（见《从文学革命到革命文学》）他们虽说试用复杂的构造，却并不大采用西文语法。增造语汇这一层做到了，白话文在他们手里确是丰富了不少。但最重要的是他们笔锋上的情感，那像狂风骤雨的情感。我们的白话作品，不论老的新的，从没有过这个。那正是"个性的发现"的时代，一般读者，特别是青年们，正感着心中有苦说不出，念了他们的创作，爱好欲狂，他们的虽也还是白话文，可是比前一期的欧化文离口语要近些了；郁达夫先生的尤其如此，所以仿效他的也最多。

陈西滢先生的《闲话》平淡而冷静，论事明澈，有点像报章文字。他的思想细密，所以显得文字也好。他的近于口语的程度和适之先生的差不多。徐志摩先生的诗和散文虽然繁密，"浓得化不开"，他却有意做白话。他竭力在摹效北平的口吻，有时是成功的，如《志摩的诗》中《太平景象》一诗。又如《一条金色的光痕》，摹效他家乡硖石的口吻，也是成功的。他的好处在那股活劲儿。有意用一个地方的活语言来作诗做文，他算是我们第一个人；至于他的情思不能为一般民众所了解，那是另一问题，姑且不论。

有一位署名"蜂子"的先生写过些真正的白话诗，登在前几年的《大公报》上。他将这些诗叫作"民间写真"，写的大概是农村腐败的情形和被压迫的老百姓。用的是干脆的北平话，押韵非常自然。可惜只登了没有几首，所以极少注意的人。李健吾先生的《一个兵和他的老婆》（现收入《坛子》中）是一个理想的故事，可是生动极了。全篇是一个兵的自述，用的也是北平话，充分地表现着喜剧的气氛，徐志摩先生的《太平景象》等诗乃至蜂子先生的"民间写真"都还只是小规模，他的可是整本儿。他将国语语助字全改作北平语语助字，话便容易活起来。我们知道国语语助字有些已经差不多光剩了一种形式，只能上纸，不能上口了。

　　赵元任先生改译的《最后五分钟》剧本，用的是道地北平语，语助字满都仔仔细细改了，一字一句都能上口说。这才真是白话。不过他的用意在研究北平的语助词，在打一个戏谱，不在创造一种新文体。那个怕也不会成为一种新文体；因为有些分别太细微了，太琐碎了，看起来作起来都不大方便。

　　国语体（即胡适之、陈西滢诸先生的文体）是我们白话文的基调。欧化体和创造体曾经风靡一时；现在却差点儿势。用活的方言作文还只有几个人试验，没有成为风气；但成绩都还不坏。近年来可有一种新运动，向着另一方向去。这所谓旧瓶里装新酒。用时调，山歌，弹词，宣卷，鼓词等旧有的民间文艺的体裁来说新的东西。上海这种印本大概不少，但我没有见，无从评论，这些体裁里面照例夹带着好些文言，并不全是白话；那是因为歌词要将就音乐，本与常语要不同些。这种运动用意似乎在广播新思想，而不注重文字；与前举几位的态度大不一样；只有与蜂子先生还相近些。

　　最近宋阳先生在《文学月报》里提出"大众文艺的问题"，引起许多讨论。关于"用什么话写"一层，宋阳先生主张用"最浅近的新兴阶级的普通话"，而这"又不是官僚的所谓国语"。但止敬先生在同报第二期里指出这种普通话"还不够文学描写上的使用"。又有一位寒生先生在《北斗杂志》上主张用"大众日常所说的绝对白话"，就是"大多数工农大众所说的普通话"。这种大多数工农大众的普通话，其实是没有的。工人间还有那不够描写用的普通话，农人各处一乡，不与异乡人接触，哪儿来的这个？其实国语区域倒是广，用国语虽不是大多数工农大众所说的普通话，可是相差不远，而且比较丰富够用。止敬先生主张，"还不能不用通行的白话"，便是为此。但我的意思，不妨尽量地采用活的北平话，和我们的国音现在采用北平话一样。不过都要像赵元任先生的戏谱那样，可太麻烦；我想有些读音的轻重和语助词的念法不妨留给读者自己去辨别，我们只多多采用北平话的句法和成语（可以望文生义的）就行了。若说这么着南几省人就不能懂，我觉得不然。他们若是识过字，读过国语文或白话文，这是不成什么问题的。不识字，或识字太少，那就什么书也不能读；得从头做起，让他们先识够了字。

《南北极》和《小彼得》两部书都尽量采用活的北平话，念起来虎虎有生气。《小彼得》写工人，兵，讲恋爱的青年，和动摇的投机的青年。作者写某一种人便加进某一种特别的语汇，所以口吻很像。《稀松的恋爱故事》写现在恋爱方式的无聊，《猪肠子的悲哀》写一个在观望在堕落的小资产阶级，《皮带》写一个患得患失的谋差使的人，都透彻极了。《面包线》写一件抢米的故事；篇中空气渐渐紧张起来，你岔岔了，然后痛快地解决了。《二十一个》写得不大结实些；别的都不坏。《南北极》只写工人，海盗，渔人，都是所谓"流浪汉"，干脆得多，不像《小彼得》里有时还免不了多少欧化的痕迹。《南北极》那一篇自然最酣畅淋漓，写一个流浪汉对于上层阶级的轻蔑与仇恨。这种轻蔑与仇恨是全书的中心思想。其中三篇只表这个思想和对于将来的确信。《咱们的世界》写海盗，表面上虽也还是《水浒》式的英雄；骨子里他们却不仅是反抗贪官污吏，替天行道，而是对于整个儿的上层社会轻蔑与仇恨。他们相信，"这世界多早晚总是咱们穷人的"。《生活在海上的人们》便写这班穷人的动作。虽然暂时失败了，可是他们"还要来一次的"。这一篇写集团的行为，头绪太繁了，真不容易。但和前几年的"标语口号文学"相比，这里面有了技术；所以写出来也就相当地有效力了。书中只《手指》一篇太简略些。这里五篇有一个特色，就是都用第一人称的口气；这第一人称无论是多数还是单数，总是代表着一个集团的。《小彼得》中写小资产阶级的几篇也有一个特色，就是在个性的描写里暗示着类型。这种手法表现着一种新意识，从前还不多见。这两部书最重要的是其中对于社会的新态度；虽还不能算是新兴文学的最进步的样子，但这个过渡时代，在现有的作家中，这些怕也算得是很不坏的努力了。这已出了本题的范围，还是不论罢。

第三章

读书指导（上）

——精读指导举隅

例 言 ①

　　一　本书是郭子杰馆长委托我们写的，专供各中学国文教师参考用。

　　二　本书专重精读指导，书中选了六篇文作例子。计记叙文一篇，短篇小说一篇——小说也是记叙文的一种，抒情文一篇，说明文一篇，议论文二篇。

　　三　本书没有选诗歌。但《谈新诗》的"指导大概"里谈的都是诗歌；诗歌的指导方法大致不外乎此。

　　四　本书的"前言"是向各位中学教师说的。我们力求各项建议切实可行，而且相信如此。我们知道事实上能做到"前言"里所说各项的还不太多，但希望大家继续努

---

① 《精读指导举隅》与《略读指导举隅》是叶圣陶和朱自清两位先生合作撰写的两部阅读教学指导书，由商务印书馆分别于1942年3月和1943年1月在重庆出版。编者将两书中朱自清先生所作例言及指导文章选出作为本书第三、四章。

力，达到那些标准。那些标准绝不只是理想的。

五　本书各篇"指导大概"是用教师的口气向学生说的。我们所注重的是分析文篇，提示问题，因而进行讨论。"前言"的第三项有详细的说明；六篇"指导大概"便是实例。这六篇"大概"都是完整的成篇的文字。我们可并不是说"指导"就由教师一个人这样从头至尾演讲下去。"指导"得在讨论里。讨论时自然有许多周折，有许多枝节。但若将讨论的结果写成报告，自然该成为一篇完整的文字。这六篇"指导大概"就是这种报告。倘若各位教师能细心研读我们的报告，能采纳这些报告里分析文篇提示问题的态度和方法，应用在别的文篇的精读指导里，郭馆长和我们的目的便达到了。

六　本书各篇，我们虽都谨慎地用心地写出，但恐怕还有见不到的错误。盼望各位教师多多指教，非常感谢！

鲁迅《药》指导大概

药

（一）

①秋天的后半夜，月亮下去了，太阳还没有出，只剩下一片乌蓝的天；除了夜游的东西，什么都睡着。华老栓忽然坐起身，擦着火柴，点上遍身油腻的灯盏，茶馆的两间屋子里，便弥满了青白的光。

②"小栓的爹，你就去么？"是一个老女人的声音。里边的小屋子里，也发出一阵咳嗽。

"唔。"老栓一面听，一面应，一面扣上衣服；伸手过去说，"你给我罢。"

华大妈在枕头底下掏了半天，掏出一包洋钱，交给老栓，老栓接了，抖抖地装入衣袋，又在外面按了两下，便点上灯笼，吹熄灯盏，走向里屋子去了。那屋子里面，正在窸窸窣窣地响，接着便是一通咳嗽。老栓候他平静下去，才低低地叫道，"小栓……你不要起来。……店么？你娘会安排的。"

③老栓听得儿子不再说话，料他安心睡了，便出了门，走到街上。街上黑沉沉的一无所有，只有一条灰白的路，看得分明。灯光照着他的两脚，一前一后地走。有时也遇到几只狗，可是一只也没有叫。天气比屋子里冷得多了；老栓倒觉爽快，仿佛一旦变了少年，得了神通，有给人生命的本领似的，跨步格外高远。而且路也愈走愈分明，天也愈走愈亮了。

④老栓正在专心走路，忽然吃了一惊，远远里看见一条丁字街，明明白白横着。他便退了几步，寻到一家关着门的铺子，蹩进檐下，靠门立住了。好一会，身上觉得有些发冷。

⑤"哼，老头子。"

"倒高兴……"

老栓又吃一惊，睁眼看时，几个人从他面前过去了。一个还回头看他，样子不甚分明，但很像久饿的人见了食物一般，眼里闪出一种攫取的光。老栓看看灯笼，已经熄了。按一按衣袋，硬硬的还在。仰起头两面一望，只见许多古怪的人，三三两两，鬼似的在那里徘徊；定睛再看，却也看不出什么别的奇怪。

⑥没有多久，又见几个兵，在那边走动；衣服前后的

一个大白圆圈，远地里也看得清楚，走过面前的，并且看出号衣上暗红色的镶边。——一阵脚步声响，一眨眼，已经拥过了一大簇人。那三三两两的人，也忽然合作一堆，潮一般向前赶；将到丁字街口，便突然立住，簇成一个半圆。

⑦老栓也向那边看，却只见一堆人的后背；颈项都伸得很长，仿佛许多鸭，被无形的手捏住了的，向上提着。静了一会，似乎有点声音，便又动摇起来，轰的一声，都向后退；一直散到老栓立着的地方，几乎将他挤倒了。

⑧"喂！一手交钱，一手交货！"一个浑身黑色的人，站在老栓面前，眼光正像两把刀，刺得老栓缩小了一半。那人一只大手，向他摊着；一只手却撮着一个鲜红的馒头，那红的还是一点一点地往下滴。

⑨老栓慌忙摸出洋钱，抖抖地想交给他，却又不敢去接他的东西。那人便焦急起来，嚷道，"怕什么？怎的不拿！"老栓还踌躇着；黑的人便抢过灯笼，一把扯下纸罩，裹了馒头，塞与老栓；一手抓过洋钱，捏一捏，转身去了。嘴里哼着说，"这老东西……"

⑩"这给谁治病的呀？"老栓也似乎听得有人问他，但他并不答应；他的精神，现在只在一个包上，仿佛抱着一个十世单传的婴儿，别的事情，都已置之度外了。他现在要将这包里的新的生命，移植到他家里，收获许多幸福。太阳也出来了；在他面前，显出一条大道，直到他家

中，后面也照见丁字街头破匾上"古□亭口"这四个黯淡的金字。

（二）

⑪老栓走到家，店面早经收拾干净，一排一排的茶桌，滑溜溜的发光，但是没有客人：只有小栓坐在里排的桌前吃饭，大粒的汗，从额上滚下，夹袄也贴住了脊心，两块肩胛骨高高凸出，印成一个阳文的"八"字。老栓见这样子，不免皱一皱展开的眉心。他的女人，从灶下急急走出，睁着眼睛，嘴唇有些发抖。

"得了么？"

"得了。"

⑫两个人一起走进灶下，商量了一会；华大妈便出去了，不多时，拿着一片老荷叶回来，摊在桌上。老栓也打开灯笼罩，用荷叶重新包了那红的馒头。小栓也吃完饭，他的母亲慌忙说：——

"小栓——你坐着，不要到这里来。"

一面整顿了灶火，老栓便把一个碧绿的包，一个红红白白的破灯笼，一同塞在灶里；一阵红黑的火焰过去时，店屋里散满了一种奇怪的香味。

⑬"好香！你们吃什么点心呀？"这是驼背五少爷到了。这人每天总在茶馆里过日，来得最早，去得最迟，此时恰恰蹩到临街的壁角的桌边，便坐下问话，然而没有人

答应他。"炒米粥么？"仍然没有人应。老栓匆匆走出，给他泡上茶。

⑭"小栓进来罢！"华大妈叫小栓进了里面的屋子，中间放好一条凳，小栓坐了。他的母亲端过一碟乌黑的圆东西，轻轻说：——

"吃下去罢，——病便好了。"

⑮小栓撮起这黑东西，看了一会，似乎拿着自己的性命一般，心里说不出的奇怪。十分小心地拗开了，焦皮里面窜出一道白气，白气散了，是两半个白面的馒头。——不多工夫，已经全在肚里了，却全忘了什么味；面前只剩下一张空盘。他的旁边，一面立着他的父亲，一面立着他的母亲，两人的眼光，都仿佛要在他身里注进什么又要取出什么似的；便禁不住心跳起来，按着胸膛，又是一阵咳嗽。

⑯"睡一会罢，——便好了。"

小栓依他母亲的话，咳着睡了。华大妈候他喘气平静，才轻轻地给他盖上了满幅补钉的夹被。

（三）

⑰店里坐着许多人，老栓也忙了，提着大铜壶，一趟一趟地给客人冲茶；两个眼眶，都围着一圈黑线。

"老栓，你有些不舒服么？——你生病么？"一个花白胡子的人说。

"没有。"

"没有？——我想笑嘻嘻的，原也不像……"花白胡子便取消了自己的话。

⑱"老栓只是忙。要是他的儿子……"驼背五少爷话还未完，突然闯进了一个满脸横肉的人，披一件玄色布衫，散着纽扣，用很宽的玄色腰带，胡乱捆在腰间。刚进门，便对老栓嚷道：——

"吃了么？好了么？老栓，就是运气了你！你运气，要不是我信息灵……"

⑲老栓一手提了茶壶，一手恭恭敬敬地垂着；笑嘻嘻地听。满座的人，也都恭恭敬敬地听。华大妈也黑着眼眶，笑嘻嘻地送出茶碗茶叶来，加上一个橄榄，老栓便去冲了水。

⑳"这是包好！这是与众不同的。你想，趁热的拿来，趁热吃下。"横肉的人只是嚷。

"真的呢，要没有康大叔照顾，怎么会这样……"华大妈也很感激地谢他。

"包好，包好！这样的趁热吃下。这样的人血馒头，什么痨病都包好！"

华大妈听到"痨病"这两个字，变了一点脸色，似乎有些不高兴；但又立刻堆上笑，搭讪着走开了。这康大叔却没有觉察，仍然提高了喉咙只是嚷，嚷得里面睡着的小栓也合伙咳嗽起来。

㉑"原来你家小栓碰到了这样的好运气了。这病自然一定全好；怪不得老栓整天的笑着呢。"花白胡子一面说，一面走到康大叔面前，低声下气地问道，"康大叔——听说今天结果的一个犯人，便是夏家的孩子，那是谁的孩子？究竟是什么事？"

㉒"谁的？不就是夏四奶奶的儿子么？那个小家伙！"康大叔见众人都耸起耳朵听他，便格外高兴，横肉块块饱绽，越发大声说，"这小东西不要命，不要就是了。我可是这一回一点没有得到好处；连剥下来的衣服，都给管牢的红眼睛阿义拿去了。——第一要算我们栓叔运气；第二是夏三爷赏了二十五两雪白的银子，独自落腰包，一文不花。"

㉓小栓慢慢地从小屋子走出，两手按了胸口，不住地咳嗽；走到灶下，盛出一碗冷饭，泡上热水，坐下便吃。华大妈跟着他走，轻轻地问道，"小栓你好些么？——你仍旧只是肚饿？……"

㉔"包好，包好！"康大叔瞥了小栓一眼，仍然回过脸，对众人说，"夏三爷真是乖角儿，要是他不先告官，连他满门抄斩。现在怎样？银子！——这小东西也真不成东西！关在牢里，还要劝牢头造反。"

"阿呀，那还了得。"坐在后排的一个二十多岁的人，很现出气愤模样。

"你要晓得红眼睛阿义是去盘盘底细的，他却和他攀谈了。他说，这大清的天下是我们大家的。你想：这是人话么？红眼睛原知道他家里只有一个老娘，可是没有料到他竟会那么穷，榨不出一点油水，已经气破肚皮了。他还要老虎头上搔痒，便给他两个嘴巴！"

"义哥是一手好拳棒，这两下，一定够他受用了。"壁角的驼背忽然高兴起来。

㉕"他这贱骨头打不怕，还要说可怜可怜哩。"

花白胡子的人说，"打了这种东西，有什么可怜呢？"

康大叔显出看他不上的样子，冷笑着说，"你没有听清我的话；看他神气，是说阿义可怜哩！"

听着的人的眼光，忽然有些板滞；话也停顿了。小栓已经吃完饭，吃得满身流汗，头上都冒出蒸气来。

㉖"阿义可怜——疯话，简直是发了疯了。"花白胡子恍然大悟似的说。

"发了疯了。"二十多岁的人也恍然大悟地说。

店里的坐客，便又现出活气，谈笑起来。小栓也趁着热闹，拼命咳嗽；康大叔走上前，拍他肩膀说：——

"包好！小栓——你不要这么咳。包好！"

"疯了。"驼背五少爷点着头说。

（四）

㉗西关外靠着城根的地面，本是一块官地；中间歪歪斜斜一条细路，是贪走便道的人，用鞋底造成的，但却成

了自然的界限。路的左边，都埋着死刑和瘐毙的人，右边是穷人的丛冢。两面都已埋到层层迭迭，宛然阔人家祝寿时候的馒头。

㉘这一年的清明，分外寒冷；杨柳才吐出半粒米大的新芽。天明未久，华大妈已在右边的一座新坟前面，排出四碟菜，一碗饭，哭了一场。化过纸，呆呆地坐在地上；仿佛等候什么似的，但自己也说不出等候什么。微风起来，吹动她短发，确乎比去年白得多了。

㉙小路上又来了一个女人，也是半白头发，褴褛的衣裙；提一个破旧的朱漆圆篮，外挂一串纸锭，三步一歇地走。忽然见华大妈坐在地上看她，便有些踌躇，惨白的脸上，现出些羞愧的颜色；但终于硬着头皮，走到左边的一座坟前，放下了篮子。

㉚那坟与小栓的坟，一字儿排着，中间只隔一条小路。华大妈看她排好四碟菜，一碗饭，立着哭了一通，化过纸锭；心里暗暗地想："这坟里的也是儿子了。"那老女人徘徊观望了一回，忽然手脚有些发抖，跄跄踉踉退下几步，瞪着眼只是发怔。

㉛华大妈见这样子，生怕她伤心到快要发狂了；便忍不住立起身，跨过小路，低声对她说："你这位老奶奶不要伤心了，——我们还是回去罢。"

㉜那人点一点头，眼睛仍然向上瞪着；也低声吃吃地说道，"你看，——看这是什么呢？"

华大妈跟了她指头看去，眼光便到了前面的坟，这坟上草根还没有全合，露出一块一块的黄土，煞是难看。再往上仔细看时，却不觉也吃一惊；——分明有一圈红白的花，围着那尖圆的坟顶。

㉝她们的眼睛都已老花多年了，但望这红白的花，却还能明白看见。花也不很多，圆圆的排成一个圈，不很精神，倒也整齐。华大妈忙看她儿子和别人的坟，却只有不怕冷的几点青白小花，零星开着；便觉得心里忽然感到一种不足和空虚，不愿意根究。那老女人又走近几步，细看了一遍，自言自语地说，"这没有根，不像自己开的。——这地方有谁来呢？孩子不会来玩；——亲戚本家早不来了。——这是怎么一回事呢？"她想了又想，忽又流下泪来，大声说道：——

"瑜儿，他们都冤枉了你，你还是忘不了，伤心不过，今天特意显点灵，要我知道么？"她四面一看，只见一只乌鸦，站在一株没有叶的树上，便接着说，"我知道了。——瑜儿，可怜他们坑了你，他们将来总有报应，天都知道；你闭了眼睛就是了。——你如果真在这里，听到我的话，——便教这乌鸦飞上你的坟顶，给我看罢。"

㉞微风早经停息了，枯草支支直立，有如铜丝。一丝发抖的声音，在空气中愈颤愈细，细到没有，周围便都是死一般静。两人站在枯草丛里，仰面看那乌鸦；那乌鸦也在笔直的树枝间，缩着头，铁铸一般站着。

㉟许多的工夫过去了，上坟的人渐渐增多，几个老的小的，在土坟间出没。

㊱华大妈不知怎的，似乎卸下了一挑重担，便想到要走；一面劝着说，"我们还是回去罢。"

㊲那老女人叹一口气，无精打采地收起饭菜，又迟疑了一刻，终于慢慢地走了。嘴里自言自语地说，"这是怎么一回事呢？……"

㊳她们走不上二三十步远，忽听得背后"哑——"的一声大叫；两个人都竦然地回过头，只见那乌鸦张开两翅，一挫身，直向着远处的天空，箭也似的飞去了。

指导大概

本篇是短篇小说。正题旨是亲子之爱，副题旨是革命者的寂寞的悲哀。这故事是在清朝的末年，那时才有革命党；本篇第三段"这大清的天下是我们大家的"一句话，表示了革命党的主张，也表示了朝代。这故事是个小城市的故事，出面的人物也都是小城市的人物。那时代的社会还是所谓封建的社会；这些人物，这些人物的思想，自然充满了封建社会的色彩。从华老栓到夏四奶奶，都是如此。

故事只是这样：小茶馆的掌柜华老栓和华大妈夫妇只有小栓一个儿子，像是已经成了年。小栓生了痨病，总不好。老夫妇捡到一个秘方，人血馒头可以治好痨病。老栓便托了刽子手康大叔；当然，得花钱。刚好这一个秋天的日子，杀一个姓夏名瑜的革命党，老栓去向康大叔买回那人血馒头，让小栓吃了。小栓可终于没有好，死了。那夏瑜是他的三伯父夏三爷告了密逮着的。夏瑜很穷，只有一个老母亲，便是夏四奶奶。他在牢里还向管牢的红眼睛阿义宣传革命，却挨了两个嘴巴。夏三爷告密，官厅赏了二十五两银子。一般人没有同情那革命党的。他是死刑犯人，埋在西关外官地上；华家是穷人，小栓也埋在那里。第二年清明，华大妈去上坟，夏四奶奶也去。夏四奶奶发现儿子坟上有一个花圈，却不认识是什么，以为他让人冤枉死了，在特意显灵呢。华大妈瞧着夏四奶奶发怔，过去想安慰她；看见花圈，也不认识，只觉得自己儿子坟上没有，"感到一种不足和空虚"㉝①。她终于劝着夏四奶奶离开了坟场。

　　本篇从"秋天的后半夜"①老栓忙着起来去等人血馒头开场。第一段说到馒头到了手为止。第二段说老栓夫妇商量着烧那馒头，直到看着小栓吃下去。第三段康大叔来到茶馆里，和老栓夫妇谈人血馒头；从馒头谈到了那革命党。这却只是茶客们和他问答着，议论着。这两段里都穿插着小栓的病相。第一段的时间是后半夜到天明；第二三段只是一个早上。第四段是第二年清明节的一个早上，华大妈去上儿子的坟，可见小栓是死了。夏四奶奶也去上儿子的坟，却有人先已放了一个花圈在

---

① 序号为作者标注，与前文序号相对应，便于解说，下同。

那坟上。第一段里，主要的是老栓的动作；第二段里是华大妈的。第三段里主要是康大叔和茶客们的对话。第四段里主要的却是夏四奶奶的动作。

老栓和华大妈都将整个儿的心放在小栓的身上，放在小栓的病上。人血馒头只是一个环；在这以前可能还试过许多方子，在这以后，可能也想过一些法子。但只这一环便可见出老夫妇爱儿子的心专到怎样程度，别的都不消再提了。鲁迅先生没有提"爱"字，可是全篇从头到尾都见出老夫妇这番心。他们是穷人。不等到第四段说小栓埋在"穷人的丛冢"㉗里我们才知道，从开始一节里"华老栓"这名字，和"遍身油腻的灯盏""茶馆的两间屋子"，便看出主人公是穷人了。穷人的钱是不容易来的，更是不容易攒的。华大妈枕头底下那一包洋钱，不知她夫妇俩怎样辛苦才省下来的。可是为了人血馒头，为了儿子的病，他们愿意一下子花去这些辛苦钱。"华大妈在枕头底下掏了半天"，才掏出那包钱。老栓"抖抖地装入衣袋，又在外面按了两下"②。他后来在丁字街近处的那家铺子门边站着的时候，又"按一按衣袋，硬硬的还在"⑤。这些固然见出老夫妇俩钱来得不易，他们可并不是在心疼钱。他们觉得儿子的命就在那人血馒头上，也就在这包钱上；所以慎重地藏着，慎重地装着，慎重地守着。这简直是一种虔敬的态度。

老栓夫妇是忙人，一面得招呼茶客们，一面还得招呼小栓的病。他们最需要好好地睡。可是老栓去等馒头这一夜，他俩都没有睡足，也没有睡好；所以第二天早上两个人的眼眶都围上一圈黑线⑰⑲。那花白胡子甚至疑心老栓生了病⑰。这一夜老栓其实不必起来得那么早，连华大妈似乎都觉得他太早了一些，所以带点疼惜地说，"你就去么？"②但是这是关系儿子生命的大事，他怎敢耽误呢！大概他俩惦记着这件大事，那上半夜也没有怎样睡着，所以第二天才累得那样儿。老栓出了门，到了丁字街近处那家关着门的铺子前面立住，"好一会"④，才有赶杀场的人"从他面前过去"⑤，他确是太早了一些。这当儿华大妈也不会再睡。她惦记着，盼望着；而且这一早收拾店面是她一个人的事儿。老栓出门前不是叫了小栓"你不要起来。……店么？你娘会安排的"②。"老栓走到家，店面早经收拾干净，一排一排的茶桌，滑溜溜的发光"⑪，可见她起来也是特别早的。两夫妇一个心，只是为了儿子。

老栓是安分良民，和那些天刚亮就起来赶杀场的流浪汉和那些刽子手不是一路。他们也看出他的异样，所以说，"哼，老头子。""倒高兴。……"⑤"这老东西……"⑨，他胆儿小，怕看杀人，怕见人血，怕拿人血馒头。他始终立在那铺子的檐下，不去看杀场。固然他心里只有儿子的病，没心赶热闹去；害怕可也是一半儿。他连那些去看杀人和那杀人的人的眼光都禁不起⑤⑧，他甚至看见那杀人的地方——丁字街，听见讥讽他也来看杀人的话，都"吃一惊"④⑤，何况是杀人呢？人血馒头是那刽子手送到他面前来的。他还不敢接那"鲜红的馒头"⑧，是那刽子手扯下他的灯笼罩，塞给他，他才拿着的。这人血馒头本该"趁热的拿来，趁热吃下"⑳，可是老栓夫妇害怕这么办。"两个人一齐走进灶下商量了一会"⑫，才决定拿一片老荷叶"重新包了那红的馒头"⑫，和那"红红白白的破灯笼，一同塞在灶里"⑫，烧了给小栓吃。他们不但自己害怕，还害怕小栓害怕，所以才商量出这个不教人害怕的办法来。他们硬着头皮去做那害怕的事儿，拿那害怕的东西，只是为了儿子。但他们要尽可能地让儿子不害怕，一来免得他不敢吃，二来免得他吃下去不舒服。所以在重包馒头的时候，华大妈"慌忙说：'小栓——你坐着，不要到这里来'"⑫。她正是害怕小栓看见"那红的馒头"⑫。——但那是人血馒头，能治病，小栓是知道的。

老栓夫妇唯一关心的是小栓的病。老栓起来的时候，小栓醒了，"里边的小屋子里，也发出一阵咳嗽"②，他出门的时候，吹熄灯盏，特地走向里屋子去。小栓又是一通咳嗽。老栓"候他平静下去，才低低地叫"他不要起来，店面由他娘收拾去②。"听得儿子不再说话，料他安心睡了"③，老栓才出了门。一个做父亲的这样体贴儿子，也就算入微了。母亲自然更是无微不至。重包馒头时华大妈那句话，上节已引过了。她和小栓说话，给小栓做事，都是"轻轻"的。第二段第三段里见了三回：一回是"轻轻说"⑭，一回是"候他气喘平静，才轻轻地给他盖上了满幅补钉的夹被"⑯，又一回是"轻轻地问道"㉓，老栓固然也是"低低地叫"，但那是在夜里，在一个特殊境地里。华大妈却常是"轻轻"的，老是"轻轻"的，母亲的细心和耐性是更大了。

老栓夫妇是粗人，自然盼望人血馒头治好小栓的病，而且盼望马上治好。老栓在街上走的时候，"仿佛一旦变了少年，得了神通，有给人生命的本领似的，跨步格外高远"⑧。他的高兴，由于信和望。他拿到那馒头的时候，听得有人问他话。"但他并不答应；他的精神，现在只在一个包上，仿佛抱着一个十世单传的婴儿，别的事情，都已置之度外了。他现在要将这包里的新的生命，移植到他家里，收获许多幸福"⑩。这是一种虔敬的信和望。华大妈的信和望和老栓其实不相上下。"老栓走到家"的时候，她"从灶下急急走出，睁着眼睛，嘴唇有些发抖"，问："得了吗？"⑪只这半句话，便是她的整个儿的心。后来她和小栓说，"吃下去罢，——病便好了"⑭。又说，"睡一会罢，——病便好了"⑯。她盼望小栓的病便会好的。所以小栓又在吃饭的时候，她便"跟着他走，轻轻地问道，'小栓你好些么？——你仍旧只是肚饿？'"㉓"仍旧"这个词表示她的失望，也就是表示她的盼望。她不高兴"听到'痨病'这两个字"⑳，也由于她的盼望；她盼望小栓不是"痨病"。她知道他是可是不相信他是，不愿意他是，更不愿意别人说他是"痨病"。老栓和她一样的盼望着小栓不是"痨病"，可是他走到家，看见小栓坐着吃饭的样子，"不免皱一皱展开的眉心"⑪。他是男人，自然比华大妈容易看清楚现实些，也比她禁得住失望些。但是他俩对于那个人血馒头却有着共同的信和望。小栓吃下那馒头的时候，"一面立着他的父亲，一面立着他的母亲，两人的眼光，都仿佛要在他身里注进什么又要取出什么似的"⑮。

　　老两口子这早上真高兴。老栓一直是"笑嘻嘻的"。那花白胡子说了两回：一回在康大叔来到茶馆之前，他说，"我想笑嘻嘻的，原也不像……（生病）"⑰。一回在康大叔来到之后，他说，"怪不得老栓整天的笑着呢"㉑。老栓如此，华大妈可想而知。康大叔来到的当儿，老栓"笑嘻嘻地听"，华大妈也"笑嘻嘻地送出茶碗茶叶来，加上一个橄榄"⑲；他俩的笑出于本心。后来康大叔说出"痨病"那两个字，华大妈听到"变了一点脸色"，"但又立刻堆上笑，搭讪着走开了"⑳，那笑却是敷衍康大叔的。敷衍康大叔，固然也是害怕得罪这个人，多一半还是为了儿子。她谢康大叔的那一句话⑳，感激是真的。他们夫妇俩这早上只惦着馒头，只惦着儿子；很少答别人的话——自然，忙也有点儿。老栓不答应路上人的问话，上文已提过了。烧馒头的时候，驼背五少爷接连问了两回，老夫妇都没有答应；虽然"老栓匆匆走出，给他泡上茶"⑬。花白胡子问，"老栓，你有些不舒服么？——你生病么？"他也只答了"没有"两个字⑰，就打住了。连康大叔来，他都没有说一句话。这早上他夫妇答别人的话只有华大妈的一句和他的半句。奇怪的是，他们有了那么一件高兴的事儿，怎么不赶紧说给人家听呢？——特别在花白胡子向老栓探听似的问着的时候。也许因为那是一个秘方，吃了最好别教人家知道，更灵验些；也许因为那是一件罪过，不教人家知道，良心上责任轻些。若是罪过，不但他俩，小栓也该有份儿。所以无论如何，总还是为了儿子。

　　小栓终于死了。不用说，老夫妇俩会感到种种"不足和空虚"。但第二年清明节，去上坟的却只有华大妈一个人。这是因为老栓得招呼店面，分不开身子。他俩死了儿子，可还得活下去。茶馆的生意是很忙的。第三段里说，"店里坐着许多人，老栓也忙了，提着大铜壶，一趟一趟地给客人冲茶"⑰，驼背五少爷也说，"老栓只是忙"⑱，他一个人是忙不开的，得华大妈帮着。所以这一日"天明未久"㉘，她便去上坟，为的是早点回来，好干活儿。她在小栓坟前"哭了一场，化过纸，呆呆坐在地上；仿佛等候什么似的，但自己也说不出等候什么"㉘。儿子刚死在床上，也许可以不相信，也许还可以痴心妄想地等候他活转来；儿子死后，也许可以等候他到梦里相见。现在是"天明未久"在儿子的坟前，华大妈心里究竟在等候着些什么呢？或者是等候他"显点灵"罢？"微风起来，吹动她短发，确乎比去年白得多了"㉘。半年来的伤心日子，也够她过的了。华大妈如此，老栓也可想而知。她后来看着夏四奶奶在哭，"心里暗暗地想，'这坟里的也是儿子了'"㉚。所以在夏四奶奶发怔的时候，"便忍不住立起身，跨过小路，低声"劝慰㉛。这种同情正是从"儿子"来的。后来见夏家儿子坟顶上"分明有一圈红白的花"围着㉜，"忙看她儿子和别人的坟，却只有不怕冷的几点青白小花，零星开着"㉝。夏家儿子的坟确有些与众不同，小栓的似乎相形见绌。这使她"忽然感到一种不足和空虚，不愿意根究"㉝。她是在羡慕着，也妒

忌着，为了坟里的儿子。但是她还同情地陪着夏四奶奶，直到
"上坟的人渐渐增多"㉟，才"想到要走"㊱。她早就该回茶馆
帮老栓干活儿，为了同病相怜，却耽搁了这么久，将活儿置之
度外。她整个儿的心，还是在"儿子"身上。——以上是亲子
之爱正题旨。

副题旨是革命者的寂寞的悲哀。这只从侧面见出。那革命
党并没有出面，他的故事是在康大叔的话里，和夏四奶奶的动
作里。故事是从那人血馒头引起的。第三段里那花白胡子一面
和老栓说（那时华大妈已经"搭讪着走开了"⑳，"原来你家小
栓碰到了这样的好运气了"，"一面走到康大叔面前，低声下气
地问道，'康大叔——听说今天结果的一个犯人，便是夏家的孩
子，那是谁的孩子？究竟是什么事？'"㉑从这几句话里可以
见出那位革命党的处决，事先是相当秘密的；大家只知道那是
"夏家的孩子"，犯了不寻常的死罪而已。难怪康大叔刚进茶馆
"便对老栓嚷道"：——"你运气，要不是我信息灵……"⑱。
那"信息"自然也是秘密的。他回答花白胡子的第一问："谁
的？不就是夏四奶奶的儿子么？那个小家伙！"接着说："这小
东西不要命，不要就是了。我可是这一回一点没有得到好处；
连剥下来的衣服，都给管牢的红眼睛阿义拿去了。——第一要
算我们栓叔运气；第二是夏三爷赏了二十五两雪白的银子，独
自落腰包，一文不花"㉒。这些话并不是回答花白胡子，只是
没有得到什么好处，自己有点牢骚罢了。夏三爷独得"二十五
两雪白的银子"，康大叔羡慕这个。他自然不会忘记老栓的那包

洋钱，可是比起"二十五两雪白的银子"，那就不算什么了。何况那是"一手交钱，一手交货"⑧。而且是他"照顾"⑳老栓的，怎能算是他的好处！他说"信息灵"，他说运气了老栓⑱，"第一要算我们的栓叔运气"，都是要将人情卖在老栓的身上。但就故事的发展说，这一节话却是重要的关键。那革命党是不出面的。他的故事中的人物，全得靠康大叔的嘴介绍给读者。这儿介绍了夏四奶奶，第四段里那老女人便有着落了。那儿不提起"夏四奶奶"，是给华大妈留地步；那一段主要的原是夏四奶奶的动作，假如让华大妈分明地知道了那老女人就是夏四奶奶，那必露出一番窘相。那会妨碍故事的发展。但她听了那老女人"他们都冤枉了你"㉝一番话之后，好像也有些觉得了；"似乎卸了一挑重担"那一句便是从这里来的。这里又介绍了牢头红眼睛阿义和那告官的夏三爷；这些是那片段的故事的重要角色。但康大叔并没有直接回答花白胡子的第二问，他只说"这小东西也真不成东西！关在牢里！还要劝牢头造反"㉔。"关在牢里，还要劝牢头造反"，没"关在牢里"的时候，不用说是在"造反"了；这还不该杀头之罪吗？不但他该杀头，夏三爷要是"不先告官"，连他也会"满门抄斩"呢㉔。这就是回答了花白胡子了。至于详细罪状，必是没有"告示"；大约只有官知道，康大叔也不会知道的。

　　康大叔提到那革命党，口口声声是"那个小家伙"㉒，"这小东西"㉒㉔，"贱骨头"㉕。那革命党向红眼睛阿义说过"这大清的天下是我们大家的"；康大叔说这不是"人话"㉔。一面还称赞"夏三爷真是乖角儿"㉔。红眼睛阿义是他一流人，第一是想得好处。他原知道那革命党"家里只有一个老娘，可是没有料到他竟会那么穷，榨不出一点油水，已经气破肚皮了；他还要老虎头上搔痒，便给他两个嘴巴"㉔。这儿借着阿义的口附带叙述了那革命党家中的情形。康大叔和阿义除了都想得到好处之外，还都认为革命党是"造反"，不但要杀头，而且有"满门抄斩"之罪。他们原是些做公的人，这样看法也是当然。那热心的革命党可不管这个，他宣传他的。阿义打他，他并不怕，还说"可怜可怜"呢㉕。革命者的气概从此可见。但是一般人是在康大叔阿义这一边儿。那二十多岁的茶客听到说"劝牢头造反"，道，"阿呀，那还了得！""很现出气愤模样"㉔。那驼背五少爷听到"给他两个嘴巴"，便"忽然高兴起来"，说，"义哥是一手好拳棒，这两下，一定够他受用了"㉔。那花白胡子听到康大叔"还要说可怜可怜哩"㉕那句话，以为那革命党是在向阿义乞怜了，便看不上他似的道，"打了这种东西，有什么可怜呢？"㉕经康大叔矫正以后，他"恍然大悟似的说"，"阿义可怜，——疯话，简直是发了疯了"。那二十多岁的人"也恍然大悟地说"，"发了疯了"。那驼背五少爷后来也"点着头说"，"疯了"㉖。他们三个人原先怎么也想不到"可怜可怜"是指阿义说的，所以都是"恍然大悟"的样子。那三个茶客代表各种年纪的人。他们也都相信"造反"是大逆不道的；他们和康大叔和阿义一样，都觉得"那小东西也真不成东西"㉔，而且"简直是发了疯了"。——"疯子"这名目是"吃人"的巧妙的借口；这是封建社会的"老谱"。《狂人日记》里也早已说过了的。——这就无怪乎夏家的亲戚早不上他家来了㉝。（夏四奶奶"亲戚本家早不来了"这句话里的"来"字不大清楚；若说"来往"，就没有歧义了。）其实就是夏四奶奶，她对于革命党的意见，也还是个差不多。不过她不信她儿子是的。她说，"瑜儿，他们都冤枉了你"，又说，"可怜他们坑了你"。她甚至疑心他坟顶上那"一圈红白的花"是"特意显灵"要她知道的。她是爱她的儿子，可是并没有了解她的儿子。革命者是寂寞的，这样难得了解和同情的人！幸而，还不至于完全寂寞，那花圈便是证据。有了送花圈的人，这社会便还没有死透，便还是有希望的。鲁迅先生在《呐喊自序》里说，他不愿意抹杀人们的希望，所以"不恤用了曲笔平空添上"一个花圈在瑜儿的坟上。这是他的创作的态度。第四段是第一个故事的结尾，尤其是第二个故事的结尾。这里主要的是夏四奶奶的动作；可是用了"亲子之爱"这个因子，却将她的动作和华大妈的打成一片了。

　　通常说短篇小说只该有"一个"题旨，才见得是"经济的"。这句话不能呆看。正题旨确乎是只能有"一个"，但正题旨以外不妨有副题旨。副题旨若能和正题旨错综糅合得恰到好处，确有宾主却又像不分宾主似的，那只有见得更丰厚些，不会松懈或枝蔓的。这一篇便可以作适当的例子。再有，小说虽也在叙述文和描写文类里，跟普通的叙述文和描写文却有些不同之处。它得有意念的发展。普通的叙述文和描写文自然也离不了意念；可得跟着事实，不能太走了样子，意念的作用不大。小说虽也根据事实，却不必跟着事实；不但选择有更多的自由，还可以糅合熔铸，发展作者的意念。这里意念的作用是很大的。题旨固然是意念的发展，取材和词句也都离不了意念的发展。即使是自然派的作家，好像一切客观，其实也还有他们的意念。不然，他们为什么写这种那种故事，为什么取这件那件材料，为什么用这些那些词句，而不写、不取、不用别的，就难以解释了。这种意念的发展在短篇小说里作用尤其大。短篇小说里意念比较单纯，发展得恰当与否最容易见出。所谓"经济的"便是处处紧凑，处处有照应，无一闲笔；也便是意念发展恰到好处。本篇题旨的发展，上文已经解析。取材和词句却还有可说的。

本篇副题旨的取材，《呐喊自序》里的话已够说明。鲁迅先生的创作是在五四前后所谓启蒙时代（本篇作于民国八年四月）。他的创作的背景大部分是在清末民初的乡村或小城市里。所谓农村的社会或封建的社会，便是这些。鲁迅先生所以取材于这些，一方面自然因为这些是他最熟悉的，一方面也因为那是一个重新估定价值的时代，他要以智慧的光辉照彻愚蠢的过去。他是浙江绍兴人，他却无意于渲染地方的色彩；这是他在《我的创作经验》一文里曾经暗示了的 [①]。本篇的正题旨发展在人血馒头的故事里，正因为那故事足以表现农村的社会——愚

---

① 这里指《我怎么做起小说来》一文。此文最初载于上海天马书店1933年出版的《创作的经验》一书中，后收入《南腔北调集》。

蠢的过去。这故事包括三个节目：看杀头，吃人血，坐茶馆。看杀头的风俗代表残酷，至少是麻木不仁。《呐喊自序》里说日俄战争时在日本看到一张幻灯片，是日本人捉着了一个替俄国作侦探的中国人，正在杀头示众，围着看热闹的都是中国人。鲁迅先生很可怜我们同胞的愚蠢，因此改了行，学文学，想着文学也许有改变精神的用处。本篇描写那杀场的观众，还是在这种情调里。这是从老栓的眼里看出："老栓也向那边看，却只见一堆人的后背；颈项都伸得很长，仿佛许多鸭，被无形的手捏住了的，向上提着"⑦。这些观众也真够热心的了。

吃人血的风俗代表残酷和迷信。老栓拿到馒头的时候，"似乎听得有人问他，'这给谁治病的呀？'"⑩可见人血馒头治痨病还是个相当普遍的秘方，这也就是风俗了。老栓和华大妈都信仰这个秘方，到了虔敬的程度。小栓也差不多，他撮起那烧好的黑馒头，"似乎拿着自己的性命一般"⑮。康大叔说了四回"包好！"⑳㉔㉖两回是向老栓夫妇说的，两回是向小栓说的，虽然不免"卖瓜的说瓜甜"，但相信也是真的。那花白胡子也向老栓说，"原来你家小栓碰到了这样的好运气了。这病自然一定全好"㉑。一半儿应酬康大叔和老栓夫妇，至少一半儿也相信。可是后来小栓终于死了！——老栓夫妇虽然相信，却总有些害怕；他们到底是安分良民，还没有那份儿残酷。他们甚至于感觉到这是一桩罪过似的。老栓方面，上文已提过了。第四段里说，"华大妈不知怎的，似乎卸下了一挑重担，便想到要走”㊱。原来她听了夏四奶奶向坟里的儿子一番诉说之后，似乎便有些觉得面前的老女人是谁，她那坟里的儿子又是谁了。想着自己儿子吃过人家儿子的血，不免是一桩罪过，这就是她良心上的“一挑重担”。在两人相对的当儿，夏四奶奶虽然根本未必知道血馒头这回事，可是华大妈的担子却有越来越重的样子。“上坟的人渐渐增多，几个老的小的，在土坟间出没”㉟。夏四奶奶的注意分开了，不只在坟里的儿子和面前的华大妈身上了，华大妈这才“似乎卸下了一挑重担”。老栓夫妇的内疚若是有的，那正是反映吃人血的风俗的残酷的。《狂人日记》里不断提起吃人，固然是指着那些吃人的“仁义道德”说的，可也是指着这类吃人的风俗说的。那儿有“一直吃到徐锡麟”的话，徐锡麟正是革命党。那儿还说“去年城里杀了犯人，还有一个生痨病的人用馒头蘸着血舐”。这些都是本篇的源头——带说一句，本篇的“夏瑜”似乎影射着“秋瑾”；秋瑾女士也是绍兴人，正是清末被杀了的一位著名的革命党。这人血馒头的故事是本篇主要的故事，所以本篇用“药”作题目。这一个“药”字含着“药”（所谓“药”）“药？”“药！”三层意思。

坐茶馆，谈天儿，代表好闲的风气。茶客们有些没有职业的，可以成天地坐着，驼背五少爷便是例子。“这人每天总在茶馆里过日，来得最早，去得最迟”⑬，可以算是茶客的典型。那时就是有职业的人，在茶馆里坐一个上午或一个下午也是常见的。这些人闲得无聊，最爱管闲事。打听新闻，议论长短，是他们的嗜好，也是他们的本领。没有新闻可听，没有长短可论的时候，他们也能找出些闲话来说着。本篇第二段里烧馒头的时候，驼背五少爷问，"好香！你们吃什么点心呀？"没有人答应。可是他还问，"炒米粥么？"仍然没人答应，他这才不开口了。找人搭话正是茶客们的脾气。第三段里那花白胡子看见老栓眼眶围着一圈黑线，便问，"老栓，你有些不舒服么？——你生病么？"老栓回答"没有"。他又说，"没有？——我想笑嘻嘻的，原也不像……"这是"取消了自己的话"⑰。这些都是没话找话的废话。康大叔来到以前，驼背五少爷提到小栓，那是应酬老栓的。康大叔来到以后，花白胡子也提到小栓，那是应酬康大叔和老栓的。这里面也有多少同情，但找题目说话，也是不免的。花白胡子向康大叔一问，这才引起了新闻和议论。那些议论都是传说的，也不负责任的。说来说去，无非是好闲就是了。

本篇的节目，大部分是用来暗示故事中人物的心理的。从上文的解析里可以见出。但在人物、境地、事件的安排上也不忽略。这些也都是意念的发展。第一段和第四段的境地都是静的，静到教人害怕的程度。老栓走到街上，"街上黑沉沉的一无所有"；"有时也遇到几只狗，可是一只也没有叫"③。夜的街真太静了，忽然来了个不出声的人，狗也害怕起来，溜过一边或躲在一边去了；老栓吃了两回惊，一半是害怕那地方，那种人，一半也是害怕那静得奇怪的夜的街。甚至那杀场，也只"似乎有点声音"，也只"轰的一声"⑨；这并不足以打破那奇怪的静。这个静是跟老栓的害怕，杀头和吃人血的残酷应合着的。第四段开场是"层层叠叠"的"丛冢"㉗中间，只放着两个不相识的女人。那也是可怕的静，虽然是在白天。所以华大妈和夏四奶奶开始搭话的时候都是"低声"㉛㉜；"低声"便是害怕的表现。后来夏四奶奶虽然"大声"向她的瑜儿说了一番话㉝，但那是向鬼魂说的，也不足以打破那个静。那时是："微风早已停息了；枯草支支直立，有如铜丝。一丝发抖的声音，在空气中愈颤愈细，细到没有，周围便都是死一般静。两人站在枯草丛里，仰面看那乌鸦；那乌鸦也在笔直的树枝间，缩着头，铁铸一般站着"㉞。那"一丝发抖的声音"便是夏四奶奶那节话的余音。后来"上坟的人渐渐增多"，可是似乎也没有怎样减除那个静的可怕的程度。本篇最后一节是这样："她们走不上二三十步远，忽听得背后'哑——'的一声大叫；两个人都竦然地回过头，只见那乌鸦张开两翅，一挫身直向着远处的天空，箭也似的飞去了"。这"竦然地"一面自然因为两人疑心鬼魂当场显灵，一面还是因为那坟场太静了。这个静是应合着那丛冢和那两个伤心的母亲的。配着第一段第四段的静的，是第二段第三段的动；动静相变，恰像交响曲的结构一般。

小栓的病这节目，只在第二段开始写得多一些；那是从老栓眼中见出他的瘦。但在本篇前三段里随时都零星地穿插着。咳嗽，"肚饿"，流汗，构成他的病象。咳嗽最明显，共见了六次②⑮⑳㉓㉖；"肚饿"从吃饭见，流汗也是在吃饭的时候；这两项共同见了两次⑪㉕。这样，一个痨病鬼就画出来了。康

大叔是刽子手；他的形状，服装，举动，言谈，都烘托出来
他是一个什么样的人。他那"像两把刀"的"眼光"，那"大
手"⑧，那"满脸横肉"⑱，高兴时便"块块饱绽"的㉒，已
经够教人认识他了，再加"披一件玄色布衫，散着纽扣，用很
宽的玄色腰带，胡乱捆在腰间"⑱，便十足见出是一个凶暴的
流浪汉。他将那人血馒头送到老栓面前的时候，说的话⑧⑨，
以及"摊着""一只大手"⑧，以及"抢过灯笼，一把扯了纸罩，
裹了馒头，塞与老栓，一手抓过洋钱，捏一捏"⑨的情形，也
见出是一个粗野的人。他到了茶馆里，一直在嚷⑱⑳，在"大
声"说话㉒。他说话是不顾到别人的。他没有顾老栓夫妇忌
讳"痨病"这两个字。华大妈"搭讪着走开了"，他还"没有觉
察，仍然提高喉咙只是嚷，嚷得里面睡着的小栓也合伙咳嗽起
来"⑳。第三段末尾，小栓又在咳嗽，"康大叔走上前拍他的
肩膀说：——'包好！小栓——你不要这么咳。包好！'"这都
是所谓不顾别人死活，真粗心到了家。他又是个唯我独尊的人，
至少在这茶馆里。那花白胡子误会了"可怜"的意思，他便"显
出看不上他的样子，冷笑着说，'你没有听清我的话'"㉕。在
本篇里，似乎只有康大叔是有性格的人，别的人都是些类型。
本篇的题旨原不在铸造性格，这局面也是当然的。

　　第三段里茶客们和康大叔的谈话是个难得安排的断片或节
目。这儿似乎很不费力地从正题旨引渡到副题旨，上文也已提
到了。谈话本可以牵搭到很远的地方去；但是慢慢地牵搭过
去，就太不"经济的"。这儿却一下就搭上了。副题旨的发展

里可又不能喧宾夺主，冷落了正题旨。所以康大叔的话里没将老栓撂下；小栓更是始终露着面儿。茶客参加谈话的不能太多，太多就杂乱了，不好收拾了；也不能全是没露过面的，不然前后就打成两橛了。这儿却只有三个人；那驼背五少爷和花白胡子是早就先后露了面的⑬⑰，只加了那"一个二十多岁的人"㉔。"这些人都恭恭敬敬地"⑲"耸起耳朵"㉒听康大叔的话。"恭恭敬敬地"，也许因为大家都有一些害怕这个粗暴的人；"耸起耳朵"，因为是当地当日的新闻，大家都爱听。——那花白胡子去问康大叔的时候，"低声下气的"㉑，也是两方面都有点儿。这样，场面便不散漫，便不漏了。但是谈话平平地进行下去，未免显得单调。这儿便借着"可怜可怜"那句话的歧义引出一番波折来。康大叔"冷笑着"对花白胡子说明以后，"听着的人的眼光忽然有些板滞；话也停顿了"㉕，这是讨了没趣；是满座，不止那三个人。可是花白胡子和那二十多岁的人"恍然大悟"，将罪名推到那革命党身上以后，大家便又轻松了，——不是他们没有"听清"康大叔的话，是那革命党"发了疯了"，才会说那样出人意料的话。于是"店里的坐客便又现出活气，谈笑起来"。但这个话题也就到此而止。那悟得慢一些的驼背五少爷"点着头说"的半句"疯了"，恰巧是个尾声，结束了这番波折，也结束了这场谈话。

词句方面，上文已经提到不少，还有几处该说明的。第一段末尾，"太阳也出来了；在他面前，显出一条大道，直到他家中。后面也照见丁字街头破匾上'古口亭口'这四个黯淡的金字"。这些并不是从老栓眼里看出；这是借他回家那一条大道描写那小城市。匾已破了，那四个金字也黯淡了；其中第二个字已经黯淡到认不出了。这象征着那小城市也是个黯淡衰颓的古城市；那些古旧的风俗的存在正是当然。第二段小栓吃下馒头，"却全忘了什么味"⑮。他知道这是人血馒头，"与众不同"，准备着有些异味；可是没有，和普通的烧馒头一样。烧馒头的味是熟习的，没有什么特别值得注意，所以觉得"全忘了什么味"。这儿小栓似乎有些失望似的。第三段"这康大叔却没有觉察"⑳，"康大叔"上加"这"字是特指。"康大叔"这称呼虽已见于华大妈的话里⑳，但在叙述中还是初次出现，加"这"字表示就是华大妈话里的那个人，一方面也表示就是那凶暴粗野的流浪汉刽子手。又，"夏三爷赏了二十五两雪白的银子"，是官赏了他银子。第四段夏四奶奶"见华大妈坐在地上看她，便有些踌躇，惨白的脸上现出些羞愧的颜色；但终于硬着头皮，走到左边的一座坟前，放下了篮子"㉙。这儿路的"右边是穷人的丛冢"，小栓的坟便在其中，"左边都埋着死刑和瘐毙的人"㉓。夏四奶奶穷，不能将儿子埋在别处，便只得埋在这块官地的左边坟场里。她可不愿意人家知道她儿子是个死刑的犯人。她"天明未久"㉔，就来上坟，原是避人的意思，想不到华大妈比她还早，而且已经上完了坟，"坐在地上看她"。这一来她儿子和她可都得现底儿了。她踌躇，羞愧，便是为此。但既然"三步一歇地走"来了㉙，哪有回去的道理，到底还是上坟要紧，面子上只好不管了；所以她"终于硬着头皮走"过去了。后来她"大声"说的一番话㉝，固然是给她儿子说的，可也未尝没有让华大妈听听的意思，——她儿子是让人家"冤枉了""坑了"，他实在不是一个会犯罪的人。第四段主要的是夏四奶奶的动作。这里也见出她的亲子之爱，她的（和华大妈的）迷信。但本段重心还在那个花圈上。鲁迅先生有意避免"花圈"这个词，只一步一步地烘托着。从夏四奶奶和华大妈的眼睛里看，"红白的花……也不很多，圆圆的排成一个圈，不很精神，倒也整齐"。又从夏四奶奶嘴里说："这没有根，不像自己开的！"㉟这似乎够清楚了。可是有些读者总还猜不出是什么东西。也许在那时代那环境里，这东西的出现有些意外，读者心理上没有准备着，所以便觉得有点晦。若是将"花圈"这个词点明一下，也许更清楚些。夏四奶奶却看得那花圈有鬼气，两回"自言自语地说"，"这是怎么一回事呢？"㉝㉞但她的（和华大妈的）迷信终于只是迷信，那乌鸦并没有飞上她儿子的坟顶，却直向着远处的天空飞去了。

鲁迅先生关于亲子之爱的作品还有《明天》和《祝福》，都写了乡村的母亲。她们的儿子一个是病死了，一个是被狼衔去吃了；她们对于儿子的爱都是很单纯的。可是《明天》用亲子之爱做正题旨；《祝福》却别有题旨，亲子之爱的故事只是材料。另有挪威别恩孙（Bjornson）的《父亲》，有英译本和至少六个中译本。那篇写一个乡村的父亲对于他独生子的爱，从儿子受洗起到准备结婚止，二十四五年间，事事都给他打点最好的。儿子终于过湖淹死了。他打捞了整三日三夜，抱着尸首回去。后来他还让一个牧师用儿子的名字捐了一大笔钱出去。别恩孙用的是粗笔，句子非常简短，和鲁迅先生不同，可是不缺少力量。关于革命党的，鲁迅先生还有著名的《阿 Q 正传》，那篇后半写着光复时期乡村和小城市的人对于革命党的害怕和羡慕的态度，跟本篇是一个很好的对照。这些都可以参看。

胡适《谈新诗》（节录）指导大概

第五段（节录）

①有许多人曾问我做新诗的方法，我说，做新诗的方法根本上就是做一切诗的方法；新诗除了"诗体的解放"一项之外，别无他种特别的做法。

②这话说得太笼统了。听的人自然又问，那么做一切诗的方法究竟是怎样呢？

③我说，诗须用具体的做法，不可用抽象的说法。凡是好诗，都是具体的；越偏向具体的，越有诗意诗味。凡是好诗，都能使我们脑子里发生一种——或许多种——明显逼人的影像。这便是诗的具体性。

④李义山诗"历览前贤国与家，成由勤俭败（破）由奢"，这不成诗。为什么呢？因为他用的是几个抽象的名词，不能引起什么明了浓丽的影像。

⑤"绿垂风折笋，红绽雨肥梅"是诗。"芹泥垂（随）燕嘴，蕊粉上蜂须"是诗。"四更山吐月，残夜水明楼"是诗。为什么呢？因为它们都能引起鲜明扑人的影像。

⑥"五月榴花照眼明"是何等具体的写法！"鸡声茅店月，人迹板桥霜"是何等具体的写法！"枯藤老树昏鸦，小桥流水人家，古道西风瘦马，夕阳西下，——断肠人在天涯！"这首小曲里有十个影像，连成一串，并作一片萧瑟的空气，这是何等具体的写法！

⑦以上举的例都是眼睛里的影像。还有引起听官里的明了感觉的。例如上文引的（苏东坡送弹琵琶的词）"呢呢儿女语，灯火夜微明，恩冤尔汝来去，弹指滑和声"，是何等具体的写法！

⑧还有能引起读者浑身的感觉的。例如姜白石词，"暝入西山，渐唤我一叶夷犹乘兴。"这里面"一叶夷犹"四个双声字，读的时候使我们觉得身在小舟里，在镜平的湖水上荡来荡去。这是何等具体的写法！

⑨再进一步说，凡是抽象的材料，格外应该用具体的写法。看《诗经》的《伐檀》：

坎坎伐檀兮，置之河之干兮，
河水清且涟猗，——
不稼不穑，胡取禾三百廛兮！
不狩不猎，胡瞻尔庭有悬貆兮！

社会不平等是一个抽象的题目，你看他却用如此具体的写法。

⑩又如杜甫的《石壕吏》，写一天晚上一个远行客人在一个人家寄宿，偷听得一个捉差的公人同一个老太婆的谈话。寥寥一百二十个字，把那个时代的征兵制度，战祸，民生痛苦，种种抽象的材料，都一齐描写出来了。这是何等具体的写法！

⑪再看白乐天的《新乐府》那几篇好的——如《折臂翁》《卖炭翁》《上阳宫人》——都是具体的写法。那几篇抽象的议论——如《七德舞》《司天台》《采诗官》——便不成诗了。

⑫旧诗如此，新诗也如此。

⑬现在报上登的新体诗，很多不满人意的。我仔细研究起来，那些不满人意的诗犯的都是一个大毛病——抽象的题目用抽象的写法。

⑭那些我不认得的诗人做的诗，我不便乱批评。我且举一个朋友的诗做例。傅斯年君在《新潮》四号里做了一篇散文，叫作《一段疯话》，结尾两行说道：

我们最当敬重的是疯子，最当亲爱的是孩子。疯子是我们的老师，孩子是我们的朋友。我们带着孩子，跟着疯子走，走向光明去。

有一个人在北京《晨报》里投稿，说傅君最后的十六个字是诗不是文。后来《新潮》五号里傅君有一首《前倨后恭》的诗——一首很长的诗。我看了说，这是文，不是诗。

⑮何以前面的文是诗，后面的诗反是文呢？因为前面那十六个字是具体的写法，后面的长诗是抽象的题目用抽象的写法。我且抄那诗中的一段，就可明白了：

> 倨也不由他，恭也不由他！——
> 你还赧他。
>
> 向你倨，你也不削一块肉；向你恭，你也不长一块肉。
>
> 况且终竟他要向你变的，理他呢！

这种抽象的议论是不会成为好诗的。

⑯再举一个例。《新青年》六卷四号里面沈尹默君的两首诗。一首是《赤裸裸》：

> 人到世间来，本来是赤裸裸，
> 本来没污浊，却被衣服重重地裹着，这是为什么？
> 难道清白的身不好见人吗？那污浊的，裹着衣服，就算免了耻辱吗？

他本想用具体的比喻来攻击那些作伪的礼教，不料结果还是一篇抽象的议论，故不成为好诗。还有一首《生机》：

刮了两日风，又下了几阵雪。
山桃虽是开着，却冻坏了夹竹桃的叶。
地上的嫩红芽，更僵了发不出。
人人说天气这般冷，草木的生机恐怕都被摧折；
谁知道那路旁的细柳条，
他们暗地里却一齐换了颜色！

这种乐观，是一个很抽象的题目，他却用了最具体的写法，故是一首好诗。

⑰我们徽州俗话说人自己称赞自己的是"戏台里喝彩"。我这篇《谈新诗》，常引我自己的诗做例，也不知犯了多少次"戏台里喝彩"的毛病。现在且再犯一次，举我的《老鸦》做一个"抽象的题目用具体的写法"的例罢：

我大清早起，
站在人家屋角上哑哑的啼。
人家讨嫌我，
说我不吉利：——
我不能呢呢喃喃讨人家的欢喜！

指导大概

本文（指《谈新诗》第五段，下同）是说明文。胡先生在这一段文字里所要说明的是"做新诗的方法"，其实也"就是做一切诗的方法"①。新诗和旧诗以及词曲不同的地方只在诗体上，只在"诗体的解放"上①，根本的方法是一致的。胡先生在本篇（指《谈新诗》全文，下同）第二段里说，"中国近年的新诗运动可算得是一种'诗体的大解放'。因为有了这一层诗体的解放，所以丰富的材料，精密的观察，高深的理想，复杂的感情，方才能跑到诗里去。"他又"用历史进化的眼光来看中国诗的变迁"，说"诗的进化没有一回不是跟着诗体的进化来的"。他说从"三百篇"到现在诗体共经过四次解放：骚赋是第一次，五七言诗是第二次，词曲是第三次，新诗是第四次。解放的结果是逐渐合于"语言之自然"。他在本篇第四段里说新诗的音节是"和谐的自然音节"。又说，"诗的音节全靠两个重要分子：一是语气的自然节奏；二是每句内部所用字的自然和谐。"这第二个分子也就是"内部的组织——层次，条理，排比，章法，句法"。本篇作于民国八年。这二十多年来新诗的诗体也曾经过种种的尝试，但照现在的趋势看，胡先生所谓"合语言之自然"同"和谐的自然音节"还是正确的指路标；不过详细的节目因时因人而异罢了。

做新诗的方法，乃至做一切诗的方法，积极的是"须要用具体的做法"，消极的是"不可用抽象的说法"③；但这里积极的和消极的只是一件事的两面儿，并不是各不相关的。可是怎样是"具体的做法"呢？从本文所举的例子看，似乎有三方面可说。一方面是引起明了的影像或感觉，一方面是从特殊的个别的事件暗示一般的情形，另一方面是用喻说理。本文所说"明显逼人的影像"③，"明了浓丽的影像"④，"鲜明扑人的影像"⑤，都是"诗的具体性"③，这些都是"眼睛里的影像"⑦。"还有引起听官里的明了感觉的"⑦，"还有能引起读者浑身的感觉的"⑧，也该是"诗的具体性"。关于"眼睛里的影像"，本文的例子都是写景的，或描写自然的。这些都是直陈，显而易见。写人，写事便往往不能如此，虽然有时也借重"眼睛里的影像"。那儿需要曲达，曲达当然要复杂些。"眼睛里的影像"是文学的，也是诗的一个主要源头，"听官里的感觉"和"浑身的感觉"，在文学里，诗里，到底是不常有的。胡先生有《什么是文学》一篇小文，说文学有三要件：一是"明白清楚"，叫作"懂得性"，二是"有力能动人"，叫作"逼人性"，三是"美"，是前二者"加起来自然发生的结果"。那文中所谓"明白清楚"和"逼人"，当然不限于"眼睛里的影像"，可还是从"眼睛里的影像"引申出来的。"眼睛里的影像"在文学里在诗里的重要性，由此可见一斑。

从引起明了的影像或感觉"再进一步说，凡是抽象的材料，格外应该用具体的写法"⑨。这儿"抽象的材料"是种种的情形或道理，"具体的写法"是种种的事件或比喻。从特殊见一般，用比喻说道理，都是曲达，比直接引起影像或感觉要复杂些，所以说是"再进一步"。文中又提出"抽象的题目"这名字。大概本文所谓"抽象的材料"有广狭二义；广义的"材料"包括着"题目"，狭义的和"题目"对立着。就本文所举的例子说，"前倨后恭"⑮，"作伪的礼教"，"乐观"⑯，独行其是，不屈己从人（《老鸦》的"题目"）⑰，都是"抽象的题目"。还有"社会不平等"⑨，文中虽也说是"抽象的题目"，但就性质而论，实在和第十节里的唐代征兵制度，战祸，民生痛苦，是一类，该跟第十一节说到的白乐天的《新乐府》里的种种都归在狭义的"抽象的材料"里。从中国诗的传统看，写这种狭义的"抽象的材料"的多到数不清的程度；但写"抽象的题目"的却不常见。全诗里有一两处带到"抽象的题目"的并不缺少，如古诗十九首的"青青陵上柏，磊磊涧中石。人生天地间，忽如远行客。""四顾何茫茫，东风摇百草，所遇无故物，焉得不速老！""去者日以疏，生者日以亲。出郭门直视，但见丘与坟；古墓犁为田，松柏摧为薪；白杨多悲风，萧萧愁杀人。""生年不满百，常怀千岁忧。"这些都是些"人生不常"的大道理，可只轻描淡写地带过一笔，戛然而止，并不就道理本身确切地发挥下去。所以全诗专写一个"抽象的题目"的也就稀有；偶然有，除了一些例外，也都是些迂腐的肤廓的议论，不能算"雅音"。可是新诗，特别在初期，写"抽象的题目"的却一时甚嚣尘上。胡先生便是提倡的一个人；本文所举的新诗的例子，可以作证。这大概是从西洋诗的传统里来的。胡先生在《〈尝试集〉自序》里曾说过中国说理的诗极少，并引欧洲善于说理的大诗人扑蒲等作榜样，可以作这句话的注脚。但是西洋诗似乎早已不写这种"抽象的题目"了，中国的新诗也早已改了这种风气了。

本篇举出新诗的好处，也就是胜于旧诗和词曲的地方，有"丰富的材料"，"精密的观察"，"曲折的理想"，"复杂的感情"，"写实的描画"等项（第二段）。这些其实也就是诗的标准。旧诗和词曲正因为材料不够丰富的，观察不够精密的，理想不够曲折的，感情不够复杂的，描画不够写实的，胡先生才说是不如新诗。但这些还不是诗的根本标准，"具体的写法"似乎才是的。用"具体的写法"是诗⑥，用"抽象的写法"的不是诗④。用"具体的写法"的文是诗不是文，用"抽象的写法"的诗是文不是诗⑭。还有，"凡是好诗，都是具体的"③⑪⑯，"抽象的写法"不会成为好诗⑪⑬⑮⑯。是诗不是诗，是文还是诗，是好诗不是好诗：这三个根本问题的判别，按胡先生的意思说，"具体的写法"即使未必是唯一的标准，至少也是最主要的标准——说那是诗的根本标准，大概不会错的。但"具体的"和"抽象的"又各有不同的程度。文中说，"越偏向具体的，越有诗意诗味"③。又举沈尹默先生的《赤裸裸》，说"他本想用具体的比喻来攻击那些作伪的礼教，不料结果还是一篇抽象的议论，故不成为好诗"⑯。用"具体的写法"有时也会不成为好诗，甚至于会不成诗，这是"具体的"还没达到相当的程度的缘故。"抽象的题目"比狭义的"抽象的材料"更其是"抽象的"，从上节所论可以看出。不过成篇的"抽象的议论"⑪⑮的"抽象的"程度却赶不上"几个抽象的名词"④。"具体的"和"抽象的"都不是简单的观念；它们都是多义的词。这儿得弄清楚这两个词的错综的意义，才能讨论文中所举的那些"是诗"和"不成诗"。

就本文而论，"具体的"第一义是明了的影像或感觉。所谓明了的影像或感觉其实只是某种景物或某种境地的特殊的性质；某种景物所以成为某种景物，某种境地所以成为某种境地，便在这特殊的性质或个性上。如"绿垂风折笋，红绽雨肥梅"（杜甫，《陪郑广文游何将军山林》十首之五）是暗示风雨后浓丽而幽静的春光，"芹泥随燕嘴，蕊粉上蜂须"（杜甫，《徐步》）是暗示晴明时浓丽而寂寞的春光，"四更山吐月，残夜水明楼"（杜甫，《月》）是暗示水边下弦月的清亮而幽静⑤，"五月榴花照眼明"（韩愈，《榴花》，题张十一旅舍三咏之一）是暗示张十一旅舍夏景的明丽而寂寞。"鸡声茅店月，人迹板桥霜"（温庭筠，《商山早行》）是暗示秋晨的冷寂和行旅的辛苦。还有那首小曲，是《天净沙》小令，相传是马致远作的，文中说明"这首小曲里有十个影像，连成一串，并作一片萧瑟的空气"⑥。这儿浓丽，幽静，寂寞，清亮，明丽，冷寂，辛苦乃至"萧瑟的空气"，都是景物的个性或特殊性，原都是抽象的。——有人说这种诗句有绘画的效用，也许有点儿。但这种诗句用影像作媒介；绘画用形和色作媒介，更直接地引起感觉。内者究竟是不同的。所以诗里这种句子不能用得太多；太多了便反而减少强度，显得琐碎，啰唆，怪腻烦人的。诗要不自量力地一味去求绘画的效用，一定是吃力不讨好。这种"具体的写法"着重在选择和安排。选择得靠"仔细的观察，作底子，并且观察的范围越广博越好。安排得走"写实的描画"的路，才不至于落在滥调或熟套里。当然，还得着重"经济的"。以上几个例子，文中说"都是眼睛里的影像"⑦，但"鸡声"并不是的。一般地说，"眼睛里的影像"似乎更鲜明些，更具体些，所以取作题材的特别多。

文中又引苏东坡的《水调歌头》词。这在本篇第四段里有详细的说明。那儿说："苏东坡把韩退之的听琴诗（《听颖师弹琴》）改为送弹琵琶的词，开端是'呢呢儿女语，灯火夜微明，恩冤尔汝来去，弹指泪和声。'他头上连用五个极短促的阴声字，接着用一个阳声的'灯'字，下面'恩冤尔汝'之后，又用一个阳声的'弹'字。""灯"（ㄉㄥ）是"ㄉ"声母（子音）的字，"弹"（ㄊㄢ）是"ㄊ"声母的字，摹写琵琶的声音；又把这两个阳声字和"呢呢儿女语""尔汝来去"九个阴声字参错夹用，更显出琵琶的抑扬顿挫。阳声字是有鼻音"ㄣ""ㄥ"收声的字，阴声字是没有鼻音收声的字。这里九个阴声显得短促而抑，两个阳声显得悠长而扬。本文引这个例，说是"引起听官的明了感觉的"⑦。摹声本是人类创制语言的一个原始的法子，但这例里的摹声却已不是原始的。"ㄉ""ㄊ"母的字似乎暗示琵琶声音的响亮，那九个阴声字和两个"ㄉ""ㄊ"母的阳声字参错夹用，似乎暗示琵琶曲调高低快慢的变换来得很急骤。韩退之的听琴诗开端是"呢呢儿女语，恩冤相尔汝；豁然变轩昂，勇士赴敌场"。欧阳修以为像听琵琶的诗，苏东坡因此将它改成那首《水调歌头》。欧阳修的意见大概是不错的，韩退之那首诗若用来暗示琵琶的声音和曲调的个性或特殊性，似乎更合适些，苏东坡的词便是明证。所谓"听官里的明了感觉"其实也是暗示某种抽象的性质的，和"眼睛里的影像"一样。至于姜白石的《湘月》词句"暝入西山，渐唤我一叶夷犹乘兴"，文中以为"能引起读者浑身的感觉"。"这里面'一叶夷犹'四个双声字，读的时候使我们觉得身在小舟里，在镜平的湖水上荡来荡去"⑧。双声字是声母（子音）相同的字。"一叶夷犹"可以说同是"一"声母，所以说是双声字。胡先生的意思大概以为这四个字联成一串，嘴里念起来耳里听起来都很轻巧似的，暗示着一种舒适的境地；配合句义，便会"觉得身在小舟里，在镜平的湖水上荡来荡去"。在这种境地里，筋肉宽舒，心神闲适；所谓"浑身的感觉"便是这个。舒适还是一种抽象的性质；不过这例里字音所摹示的更复杂些就是了。运用这种摹声的方法或技巧，需要一些声韵学的知识和旧诗或词曲的训练，一般写作新诗的，大概都缺少这些；这是这种方法或技巧没有发展的一个原因。再说字音的暗示力并不是独立的，暗示的范围也不是确定的，得配合着句义，跟着句义走。句义还是首要，字音的作用通常是不大显著的。这是另一个原因。还有些人也注重字音的暗示力，他们要使新诗的音乐性遮没了意义，所谓"纯诗"。那是外国的影响。但似乎没见什么成就便过去了；外国这种风气似乎也过去了。

本篇第二段里，胡先生曾举他自己的《应该》作例，说"这首诗的意思神情都是旧体诗所达不出的"。那诗道：

> 他也许爱我，——也许还爱我，——
> 但他总劝我莫再爱他。
> 他常常怪我；
> 这一天，他眼泪汪汪地望着我，
> 说道："你如何还想着我？
> 想着我，你又如何能对他？
> 你要是当真爱我，
> 你应该把爱我的心爱他，
> 你应该把待我的情待他。"
> 他的话句句都不错：——
> 上帝帮我！
> 我"应该"这样做！

这里好像是在讲道理，可是这道理只是这一对爱人中间的道理，不是一般的；"应该"只是他俩的"应该"，不是一般人的。这道理，这"应该"，是伴着强度的感情——他俩强度的爱情——的，不只是冷冰冰的一些概念。所以是具体的，不是抽象的。本文所举"具体的写法"的例子中，乍看像没有这一种，细看知道不然。这是暗示爱情和礼教和理智的冲突——爱情上的一种为难。"冲突"或"为难"是境地的特殊性或个性，是抽象的。这首诗从头到尾是自己对自己说的一番话，比平常对第三者的口气自然更亲切些，更具体些。那引号里的一节是话中的话。人的话或文字，即使是间接引用，只要有适当的选择和安排，也能引起读者对于人或事（境地）的明了的影像。而通常所谓描摹口吻，口吻毕肖，便是话引起了读者对于人的明了的影像。——从以上各节的讨论，便知本文"具体的"第一义还是暗示着某种抽象的性质，并不只是明了的影像或感觉。

本文"具体的"第二义是特殊的或个别的事件，暗示抽象的一般的情形。文中所谓"抽象的材料"（狭义）便是这一般的情形。《伐檀》所暗示的"社会不平等"⑨是"诗人时代"一般的情形。胡先生在《中国古代哲学史》里也说到这篇诗。他说，"封建时代的阶级虽然渐渐消灭了，却新添上了一种生计上的阶级，那时社会渐渐成了一个贫富很不平均的社会，富贵的太富贵了，贫苦的太贫苦了。""有些人对着黑暗的时局腐败的社会，却不肯低头下心地忍受。他们受了冤屈，定要作不平之鸣的。你看那《伐檀》的诗人对于那时的"君子'，何等冷嘲热骂！"又，杜甫的《石壕吏》⑩：

　　暮投石壕村，有吏夜捉人。老翁逾墙走，老妇出门看。

　　吏呼一何怒！妇啼一何苦！听妇前致词："三男邺城戍。一男附书至，二男新战死。生者且偷生，死者长已矣！室中更无人，惟有乳下孙。有孙母未去，出入无完裙。老妪力虽衰，请从吏夜归，急应河阳役，犹得备晨炊。"

夜久语声绝，如闻泣幽咽。——天明登前途，独与老翁别。⑩

胡先生在《论短篇小说》里说："这首诗写天宝之乱，只写一个过路投宿的客人夜里偷听得的事，不插一句议论，能使人觉得那时代征兵之制的大害，百姓的痛苦，壮丁死亡的多，差役捉人的横行：——都在眼前。捉人捉到了生了孙儿的祖老太太，别的更可想而知了。"

白乐天的《新乐府》⑪有序说："首句标其目，卒章显其志，'《诗》三百'之义也。其辞质而径，欲见之者易谕也。其言直而切，欲闻之者深诫也。其事核而实，使采之者传信也。其体顺而肆，可以播于乐章歌曲也。总而言之，为君为臣为物为事而作，不为文而作也。"《新丰折臂翁》的"标目"是"戒边功"，那诗道：

新丰老翁八十八，头鬓眉须皆似雪。玄孙扶向店前行，左臂凭肩右臂折。

问翁臂折来几年，兼问致折何因缘。翁云贯属新丰县，生逢圣代无征战；惯听梨园歌管声，不识旗枪与弓箭。无何天宝大征兵，户有三丁点一丁。点得驱将何处去？五月万里云南行。闻道云南有泸水，椒花落时瘴烟起。大军徒涉水如汤，未过十人二三死，村南村北哭声哀，儿别爷娘夫别妻；皆云前后征蛮者，千万人行无一回。

是时翁年二十四，兵部牒中有名字。夜深不敢使人知，偷将大石锤折臂。张弓簸旗俱不堪，从兹始免征云南。骨碎筋伤非不苦，且图拣退归乡土。此臂折来六十年，一肢虽废一身全。至今风雨阴寒夜，直到天明痛不眠。痛不眠，终不悔，且喜老身今独在。不然当时泸水头，身死魂孤骨不收，应作云南望乡鬼，万人冢上哭呦呦。

老人言，君听取。君不闻开元宰相宋开府，不赏边功防黩武？又不闻天宝宰相杨国忠，欲求恩幸立边功？

边功未立生人怨，请问新丰折臂翁。

《论短篇小说》里说这是"新乐府"中最妙的一首。"看他写'是时翁年二十四，……偷将大石锤折臂'，使人不得不发生'苛政猛于虎'的思想。"又说，"只因为他有点迂腐气，所以处处要把作诗的'本意'来做结尾（所谓'卒章显其志'）；即如《新丰折臂翁》篇末加上'君不见开元宰相宋开府'一段，便没有趣味了。"但《卖炭翁》却不如此。这一首"标目"是"苦宫市"，诗道：

卖炭翁，伐薪烧炭南山中，满面尘灰烟火色，两鬓苍苍十指黑。卖炭得钱何所营？身上衣裳口中食。可怜身上衣正单，心忧炭贱愿天寒。

夜来城外一尺雪，晓驾炭车辗冰辙。牛困人饥日已高，市南门外泥中歇。两骑翩翩来是谁？黄衣使者白衫儿，手把文书口称"敕"，回车叱牛牵向北。一车炭重千余斤，宫使驱将惜不得；半匹红纱一丈绫，系向牛头充炭直。

这是宫官仗势低价强买老百姓辛苦作成靠着营衣食的东西。买炭如此，买别的也可想而知。《新乐府》的具体性，这两首便可代表，《上阳白发人》从略。这两首和杜甫的《石壕吏》也都是从特殊的或个别的事件暗示当时一般的情形。

白乐天的《新乐府》标明"乐府"，序里又说明他作那些诗的用意；他是采取"《诗》三百之义"的。他取"《诗》三百之义"，不止于"首句标其目，卒章显其志"，并且真个要做到《诗大序》里解释《风》诗的话，"下以风刺上，主文（按旧解，是合乐的意思）而谲谏，言之者无罪，闻之者足以戒。"杜甫的《石壕吏》等诗也是乐府体，不过不"标目""显志"，也不希望合乐罢了。在汉代，乐府诗大部分原是民歌，和三百篇里的风诗确有相同的地方。但风诗多是抒情诗，乐府却有不少叙事诗。《伐檀》是抒情的，《石壕吏》《新丰折臂翁》《上阳白发人》都是叙事的。风诗大部分只是像《诗大序》说的"情动于中而形于言"，并不是"谲谏"，汉乐府也只如此。固然也有"卒章显其志"的，如《魏风·葛屦》的"维是褊心，是以为刺"，《孔雀东南飞》的"多谢后世人，戒之慎勿忘"之类，可是很少。杜甫的乐府体的叙事诗也只是"情动于中而形于言"；同《伐檀》一类的风诗和汉乐府的一些叙事诗一样，都只是从特殊的或个别的事件，暗示或见出一般的情形。这一般的情形渗透在那特殊的个别的事件里，并不是分开的，所谓"暗示"，要显得是无意为之。白乐天的《新乐府》却不如此。他是有意的"借"特殊的个别的事件来暗示——有时简直是表明——一般的情形。这有意的"借"，使他往往忽略事件的本身，结果还是抽象的议论。如本文所举的《七德舞》，"标目"是"美拨乱，陈王业"，是歌颂唐太宗的功德的，诗中列举了太宗许多事实，但都是简单的轮廓，具体的不够程度，又夹杂了些抽象的说明，弄得那些简单的具体的事实都成了那些抽象的道理的例子。《司天台》《采诗官》两首更其如此。现在只举《采诗官》，"标目"是"鉴前王乱亡之由"：

　　采诗官，采诗听歌导人言。言者无罪闻者诫，下流上通上下泰。

　　周灭秦兴至隋氏，十代采诗官不置。郊庙登歌赞君美，乐府艳词悦君意。若求兴谕规刺言，万句千章无一字。不是章句无规则，渐及朝廷绝讽议。诤臣杜口为冗员，谏鼓高悬作虚器。一人负扆常端默，百辟入门两自

媚。夕郎所贺皆德音，春官每奏唯祥瑞。君之堂兮千里
远，君之门兮九重闭。君耳唯闻堂上言，君眼不见门前
事。贪吏害民无所忌，奸臣蔽君无所畏。

君不见厉王、胡亥之末年，群臣有利君无利！君兮君
兮愿听此：欲开壅蔽达人情，先向歌诗求讽刺！

这里只有"君之堂兮千里远"四语可以算是"具体的写
法"，别的都是些概念的事实和抽象的议论。白乐天原偏重在抽
象的道理，所谓"迂腐气"；他的《新乐府》不违背他的意旨，
但是不成诗《新丰折臂翁》和《卖炭翁》是诗；可是《折臂翁》
结尾表明"本意"，"便没有趣味了"。"本意"是主，故事是宾，
打成两橛，两边儿都不讨好；"本意"既不能像用散文时透彻地
达出，诗也只是手段，不是目的，降低了身份，让人不重视。
白乐天在《新乐府》序里也明说这些诗和一般的诗不同；所以
他编集时别称为"讽喻诗"。但他之所以成为大诗人却并不在这
些"讽喻诗"上。

本文引李义山诗"历览前贤国与家，成由勤俭破由奢"，说
"这不成诗"，"因为他用的是几个抽象的名词，不能引起什么明
了浓丽的影像"④。这是"咏史"诗，全诗是：

历览前贤国与家，成由勤俭破由奢。何须琥珀方为
枕？岂得真珠始是车？运去不逢青海马，力穷难拔蜀山
蛇。几人曾预《南薰曲》？终古苍梧哭翠华！

　　这里第一联是抽象的道理，以下三联倒都是具体的事例。第二联讥刺服用的"奢"，第三联引用汉武帝和秦惠王的故事的片段，说好边功的终必至于耗尽民财，无所成就而止。这自然也是"奢"。第四联引舜的《南薰曲》，那歌曲的末二语是"南风之时兮，可以阜吾民之财兮！"舜自己"土阶茅茨"，却想着"阜民之财"；这才是一位"勤俭"的帝王，值得永远的慕念。舜的"成"是不消说的，中二联所说的"奢"的事例也都暗示着"破"的意思。这大概是讽刺当时的诗。只可惜首联的抽象的道理破坏了"诗的具体性"，和《新丰折臂翁》的短处差不多。不同的是这一联只靠"勤""俭""奢"几个极宽泛的概念作骨子，那是上文引过的几首白乐天的诗里都没有的。这种高度的抽象的名词却能将李义山的"本意"明快地达出，不过比白乐天那几首里的概念的事实和抽象的议论是更其散文的，更其抽象的了。

　　本文"具体的"第三义是比喻，用来说道理的。这道理便是文中所谓"抽象的题目"。"抽象的题目"大都是高度抽象的概念。旧诗和词曲里也写这种"抽象的题目"，但只是兴之所至，带说几句，很少认真阐发的。这种是"理语"，却不算"抽象的议论"，因为有"理趣"的缘故。就上文所举古诗十九首的例子看：第一例"陵上柏""涧中石"都是具体的材料用来和"人生"比较的，"远行客"是比喻；这当然不会是"抽象的议论"。第二例"所遇无故物，焉得不速老！"是从"四顾何茫茫，东风摇百草"而来的感慨；第三例"去者日以疏，生者日以亲"是从"出郭门直视，但见丘与坟……"而来的感慨；
这些是抽象的道理，可是用迫切的口气说出，极"经济的"说
出，便带了情感的晕光，不纯然是冷冰冰的道理了。因此，这
两例里抽象的和具体的便打成一片了。第四例"人生不满百，
常怀千岁忧"，也是迫切的口气，"经济的"手段，也是带了情
韵的道理。这些也都和"抽象的议论"不一样。又如，陶渊
明《庚戌岁九月中于西田获早稻》诗开端道，"人生归有道，衣
食固其端。孰是都不营，而以求自安！"说得太迫切了，又
极"经济的"，便不觉得是散文的议论了。胡先生在《白话文学
史》里说渊明的诗里虽也有哲学，但那是他自己从生活里体验
得来的哲学，所以觉得亲切。这话是不错的。谢灵运《从斤竹
涧越岭溪行》诗结尾道，"情用赏为美，事昧竟谁辨！观此遗物
虑，一悟得所遣。""情用赏为美"，也是灵运游山玩水体验得来
的道理，这是"片言居要"，不是"抽象的议论"。但下面三语
却是的。——全诗写一个"抽象的题目"的极罕见，我们愿举
一个特别的然而熟悉的例。这是朱熹的《观书有感》，诗道：

> 半亩方塘一鉴开，天光云影共徘徊。问渠"那得清如
> 许？""为有源头活水来。"

这儿"抽象的题目"似乎是"读书可以明理定心"。朱熹
《答江端伯书》说："为学不可以不读书。而读书之法，又当熟
读沉思，反复涵咏。铢积寸累，久自见功；不唯理明，心亦自

定。"这一节话可以用来说明本诗的意旨——就是那"抽象的题目"。本诗是用比喻说道理——还是那"抽象的题目"——；那"水塘"的比喻是一套儿，却分为三层，每层又各有"喻体"和"喻依"。镜子般清亮的"半亩方塘"是喻依，喻体是方寸的心，这是一。"天光云影"是喻依，喻体是种种善恶的事物，这是二。"源头活水"是喻依，喻体是"铢积寸累"的知识，这是三。喻依和喻体配合起来见出意旨。第一层的意旨是定下的心，第二层是心能分别是非，第三层是为学当读书。这儿每层的喻体和喻依都达到水乳交融的地步，而三层衔接起来，也像天衣无缝似的。这是因为这一套喻依里渗透了过去文学中对于自然界的情感，和作者对于自然界的情感；他其实并不是"用"比喻说道理而是从比喻见出或暗示道理——这道理是融化在情感里的。所以本诗即使单从字面的意义看，也不失为一首情景交融，有"具体性"的诗。

本文引傅斯年先生《前倨后恭》的诗，说是"抽象的题目用抽象的写法"，结果是"抽象的议论"⑮。又引沈尹默先生《赤裸裸》的诗，说"他本想用具体的比喻"，"结果还是一篇抽象的议论"⑯。《前倨后恭》里也并非没有用具体的材料，如文中所引的一段里便有"你也不削一块肉"，"你也不长一块肉"的句子。再说全诗似乎用的是"对称"的口气，意思也是要使这首诗成为具体的一番话。但那些"话料"没有经过适当的选择，多是概念的，便不能引起读者对于诗中境地的明了的影像。这其实是具体的不够程度。《赤裸裸》里用的"衣服"的比喻也是一套儿，却有三方面："赤裸裸""没污浊"的"清白的身"是喻依，自然而率真的人性是喻体，这是一。"重重的裹着"的"衣服"是喻依，礼教是喻体，这是二。"污浊的"身是喻依，罪恶是喻体，这是三。全诗的意旨在"攻击那些作伪的礼教"。这里"清白的"和"污浊的"都是抽象的词；三个喻依里面，有两个只是概念，不成其为喻依。这还是具体的不够程度。还有那三个问句，"这是为什么？""难道……不好见人吗？""就算免了耻辱吗？"也是表明的，不是暗示的；这里缺少了那情感的晕光，便成了散文，不是诗了。关于"具体的"和"抽象的"程度，本文虽然提出，可没有确切说明。我们在上文里已经补充了一些，这里还想找补一点儿。本文第五六节所引的例子，胡先生似乎以为它们有同等的"具体性"，细看却有些分别。"红绽雨肥梅"，"四更山吐月，残夜水明楼"，"五月榴花照眼明"，这几句里"肥"字"吐"字，第二个"明"字，似乎都是新创的比喻。这些比喻增加影像的活泼和明了的程度，也就是增加了诗的"明白清楚"和"逼人性"，所以比别的例子更具体些。

本文举了两首"抽象的题目用具体的写法"的成功的新诗。这两首诗都反映着我们的启蒙时代。一首是沈尹默先生的《生机》⑯。这诗里"冷的天气"，"草木"，"生机"，都是喻依，喻体依次是恶劣的环境，人事，希望；全诗的意旨是"乐观"。另一首是胡先生自己的《老鸦》，这儿只引了第一节⑰。"老鸦"是喻依，喻体是社会改造者；"哑哑的啼"，"不吉利"，"呢呢喃喃"（的燕子），是喻依，喻体是苦口良言，不合时宜，同流合污的人，全诗的意旨是独行其是，不屈己从人。这首诗全是老鸦的自述的话，这是增加"具体性"的一个法子。但这两首诗的喻依并没有多少文学的背景，而作者们渗进去的情感也不大够似的；单从字面的意义看，沈先生对于"草木"的态度，胡先生对于"老鸦"的态度，好像都嫌冷淡一些。他们两位还是"用"比喻说道理，不是从比喻见出或暗示道理；所以不免让读者将那些喻体和喻依分成两截看。还有，《生机》那一首也欠"经济"些。那时新诗刚在创始，这也无怪其然。从那时起，渐渐的，渐渐的，喻体和喻依能够达到水乳交融的地步的作品，就多起来了。

本文论到"诗的具体性"，说"越偏向具体的，越有诗意诗味"⑬。胡先生在《什么是文学》里说，"达意达得好，表情表得妙"的便是文学。诗自然也不外乎此。所谓"达意达得好，表情表得妙"，便是选择并安排种种的材料，使情意的效力增加到最大的限度。这种种材料是描写的，确切的，也就是具体的。因为"确切"，便不能是寻常的表明而该是特殊的暗示了。这种"描写的确切"不在使人思而在逼人感。这需要"精密的观察，高深的理想，复杂的感情"，以及"写实的描画"——这需要创造的功夫。那增加到最大限度的情意的效力，便是"诗意诗味"。这种"诗意诗味"却并不一定在诗的形式里。本文提到有一个人在北京《晨报》里投稿，说傅斯年先生《一段疯话》最后的十六个字是诗不是文⑭。那十六个字是：

我们带着孩子，跟着疯子走，走向光明去。

胡先生也承认这是诗，因为是"具体的写法"⑮。这该是"具体的"第三义；暗示"社会改革者不合时宜，只率性独行其是"的意旨。由此可见诗和文的分界并不是绝对的。就形式上说，从前诗有韵，文无韵，似乎分得很清楚。但歌诀也有韵，骈文虽不一定有韵，却有律，和近体诗是差不多的。到了新诗，既不一定有韵，更不一定有律，所有的好像只是"行"罢了。但是分行不像韵和律那样有明白的规则可据，只是靠着所谓"自然的音节"。我们所能说的只是新诗的词句比白话散文"经济"些，音节也整齐些紧凑些罢了。这界线其实是不很斩截的。就内容上说，文是判断的，分析的，诗不然。但文也有不判断不分析而依于情韵的，特别是骈文；古文和白话文里也都有。傅先生的那一句便是白话文的例子。这儿我们所能说的只是，特别私人的，特别强度的情感，写成诗合宜些。但这界线也是不很斩截的。胡先生在《什么是文学》里说到他不赞成纯文学杂文学的分别，配合本文的讨论，他大概也不赞成诗文的绝对分别。本来，这个分别不是绝对的。还有，本篇将旧诗和词曲都叫作"诗"，这也不是传统的观念。从前词是"诗余"，曲是"词余"——不过曲虽叫作"词余"，事实上却占着和词同等的地位。诗和词曲不但形式不同，而且尊卑有别；诗是有大作用的，词曲只是"小道"，只是玩意儿。这种尊卑的分别似乎不是本质的而是外在的。本篇将它打破也有道理。本篇所谓"诗"，具体地说，包括从"三百篇"到"新诗"，范围是很大的。抽象地说，诗的根本标准是"具体性"，所谓"诗意诗味"；这是抽象的"是诗"或"不成诗"的分界，却不是具体的诗和文的分界。——其实"具体性"也不限于诗。演说、作论文，能多用适当的例子和适当的比喻，也可以增加效力。即如本文，头绪不多，也不复杂，只因选择了适当的例子，适当地安排进去，便能明白起信。不过这种"具体性"赶不上"诗的具体性"那么确切和紧张，也不带情韵罢了。

柳宗元《封建论》指导大概

封建论

①天地果无初乎？吾不得而知之也。生人（民）果有初乎？吾不得而知之也。然则孰为近？曰，有初为近。孰明之？由封建而明之也。彼封建者，更古圣王尧舜禹汤文武而莫能去之。盖非不欲去之也，势不可也。势之来，其生人（民）之初乎？不初，无以有封建；封建非圣人意也。

②彼其初与万物皆生，草木榛榛，鹿豕狉狉，人不能搏噬，而且无毛羽，莫克自奉自卫；荀卿有言："必将假物以为用者也。"夫假物者必争。争而不已，必就其能断曲直者而听命焉。其智而明者，所伏必众；告之以直而不改，必痛之而后畏；由是君长刑政生焉。故近者聚而为群。群之分，其争必大，大而后有兵有德。又有大者，众

群之长又就而听命焉，以安其属。于是有诸侯之列。则其争又有大者焉。德又大者，诸侯之列又就而听命焉，以安其封。于是有方伯、连帅之类。则其争又有大者焉。德又大者，方伯、连帅之类又就而听命焉，以安其人（民）。然后天下会于一。是故有里胥而后有县大夫，有县大夫而后有诸侯，有诸侯而后有方伯、连帅，有方伯、连帅而后有天子。自天子至于里胥，其德在人（民）者，死必求其嗣而奉之。故封建非圣人意也，势也。

③夫尧舜禹汤之事远矣，及有周而甚详。周有天下，裂土田而瓜分之，设五等，邦群后，布履星罗，四周于天下，轮运而辐集，合为朝觐会同，离为守臣捍城。然而降于夷王，害礼伤尊，下堂而迎觐者。历于宣王，挟中兴复古之德，雄南征北伐之威，卒不能定鲁侯之嗣。陵夷迄于幽厉，王室东徙，而自列为诸侯矣。厥后问鼎之轻重者有之，射王中肩者有之，伐凡伯、诛苌弘者有之。天下乖戾，无君君之心。余以为周之丧久矣，徒建空名于公侯之上耳！得非诸侯之盛强，末大不掉之咎欤？遂判为十二，合为七国，威分于陪臣之邦，国殄于后封之秦。则周之败端，其在乎此矣。

④秦有天下，裂都会而为之郡邑，废侯卫而为之守宰，据天下之雄图，都六合之上游，摄制四海，运于掌握之内。此其所以为得也。不数载而天下大坏，其有由矣：亟役万人（民），暴其威刑，竭其货贿，负锄梃谪戍之徒，

圉视而合从，大呼而成群，时则有叛人（民）而无叛吏。人（民）怨于下而吏畏于上，天下相合，杀守劫令而并起。咎在人（民）怨，非郡邑之制失也。

⑤汉有天下，矫秦之枉，徇周之制，剖海内而立宗子，封功臣。数年之间，奔命扶伤而不暇；困平城，病流矢，陵迟不救者三代。后乃谋臣献画，而离削自守矣。然而封建之始，郡邑居半，时则有叛国而无叛郡。秦制之得，亦以明矣。继汉而帝者，虽百代（世）可知也。

⑥唐兴，制州邑，立守宰。此其所以为宜也。然犹桀猾时起，虐害方域者，失不在于州而在于兵，时则有叛将而无叛州，州县之设，固不可革也。

⑦或者曰："封建者，必私其土，子其人（民），适其俗，修其理（治），施化易也。守宰者，苟其心，思迁其秩而已，何能理（治）乎？"余又非之。

⑧周之事迹，断可见矣：列侯骄盈，黩货事戎，大凡乱国多，理（治）国寡。侯伯不得变其政，天子不得变其君。私土子人（民）者，百不有一。失在于制，不在于政，周事然也。

⑨秦之事迹，亦断可见矣：有理（治）人（民）之制，而不委郡邑，是矣。有理（治）人（民）之臣，而不使守宰，是矣。郡邑不得正其制，守宰不得行其理（治）；酷刑苦役，而万人（民）侧目。失在于政，不在于制，秦事然也。

⑩汉兴，天子之政行于郡，不行于国，制其守宰，不制其侯王。侯王虽乱，不可变也，国人虽病，不可除也。及夫大逆不道，然后掩捕而迁之，勒兵而夷之耳。大逆未彰，奸利浚财，怙势作威，大刻于民者，无如之何。及夫郡邑，可谓理（治）且安矣。何以言之？且汉知孟舒于田叔，得魏尚于冯唐，闻黄霸之明审，睹汲黯之简靖，拜之可也，复其位可也，卧而委之以辑一方可也。有罪得以黜，有能得以赏：朝拜而不道，夕斥之矣；夕受而不法，朝斥之矣。设使汉室尽城邑而侯王之，纵令其乱人（民），戚之而已；孟舒、魏尚之术，莫得而施，黄霸、汲黯之化，莫得而行。明谴而导之，拜受而退已违矣。下令而削之，缔交合从之谋，周于同列，则相顾裂眦，勃然而起。幸而不起，则削其半；削其半，民犹瘁矣。易若举而移之以全其人（民）乎？汉事然也。

⑪今国家尽制郡邑，连置守宰，其不可变也固矣。善制兵，谨择守，则理（治）平矣。

⑫或者又曰："夏、商、周、汉封建而延，秦郡邑而促。"尤非所谓知理（治）者也。魏之承汉也，封爵犹建；晋之承魏也，因循不革。而二姓陵替，不闻延祚。今矫而变之，垂二百祀，大业弥固，何系于诸侯哉？

⑬或者又以为："殷、周圣王也，而不革其制，固不当复议也。"是大不然。夫殷、周之不革者，是不得已也。盖以诸侯归殷者三千焉，资以黜夏，汤不得而废；归周者

八百焉，资以胜殷，武王不得而易。简之以为安，仍之以为俗，汤、武之所不得已也。夫不得已，非公之大者也，私其力于己也，私其卫于子孙也。秦之所以革之者，其为制，公之大者也，其情私也，私其一己之威也，私其尽臣畜于我也。然而公天下之端自秦始。

⑭夫天下之道，理（治）安，斯得人者也。使贤者居上，不肖者居下，而后可以理（治）安。今夫封建者，继世而理（治）；继世而理（治）者，上果贤乎？下果不肖乎？则生人（民）之理（治）乱未可知也。将欲利其社稷，以一其人（民）之视听，则又有世大夫世食禄邑，以尽其封略，圣贤生于其时，亦无以立于天下，封建者为之也。岂圣人之制使至于是乎？吾固曰："非圣人之意也，势也。"

指导大概

本篇是议论文，而且是议论文中的辩论文。辩论的题目是封建制和郡县制的得失。辩论的对象是魏代的曹冏，他作《六代论》，晋代的陆机，他作《五等论》，都是拥护封建的人；还有唐代的杜佑等。曹、陆的论，《文选》里有；杜佑等的意见，载在《唐书·宗室传赞》里——那"赞"里也节录了本篇的文字。本篇着重实际的政制，所以历引周秦汉唐的事迹作证。但实际的政制总得有理论的根据；曹、陆都曾举出他们理论的根据。柳宗元是反对封建的，他也有他的政治哲学作根据，这便是"势"。他再三地说，"封建非圣人意也，势也"①②⑭。这是全篇的主旨。柳宗元生在安史乱后，又亲见朱泚、朱滔、李希烈、王武俊、吴少诚、吴元济、王承宗诸人作乱。这些都是"藩镇"，都是军阀的割据。篇中所谓"叛将"，便指的这些人。他们委任官吏，截留税款，全不把朝廷放在眼里。这很像"春秋时代"强大的诸侯。柳宗元反对封建，是在这一种背景里。他是因为对于当时政治的关心才引起了对于封建制的历史兴趣；所以引证的事实一直到唐代，而且对于当时的局面还建议了一个简要的原则⑪，供执政者参考。——柳宗元是唐朝的臣子，照例得避本朝帝王的讳。太宗讳"世民"，文中"世"作"代"，"民"作"人"——文中有两个"民"字⑩，大概是传刻的人改的。高宗讳"治"，文中作"理"。当时人都得如此，不独柳宗元一个。今在想着该是避讳的字下，都用括弧注出应作的本字，也许看起来明白些。

曹、陆都以为封建是"圣人意"。《六代论》说，"夫与人共其乐者，人必忧其忧，与人同其安者，人必拯其危。先王知独治之不能久也，故与人共治之，知独守之不能固也，故与人共守之"。《五等论》也说，"夫先王知帝业至重，天下至旷；旷不可以偏制，重不可以独任；任重必借力，制旷终乎因人。于是乎立其封疆之典，财（同"裁"）其亲疏之宜，使万国相维以成盘石之固，宗庶杂居而定'维城'之业"。共忧乐，同安危，便是封建制的理论的根据。曹、陆都说这是"先王知"，可见是"圣人意"。这是封建论者共同的主要的论据。柳宗元反对封建，得先打破这个论据。这是本篇主要的工作①—⑥。"封建非圣人意也，势也"，便是针对着曹、陆的理论而发的。柳宗元还说："彼封建者，更古圣王尧舜禹汤文武而莫能去之。盖非不欲去之也，势不可也。"①那么，不但"封建非圣人意"，圣人并且要废除封建，只是"势不可"罢了。说到"势"，便得从封建起源或社会起源着眼，这便是所谓"生人（民）之初"①。柳宗元似乎不相信古传的"天作君师"说（《孟子》引《逸尚书》）；他以为"君长刑政"起于"争"。人与人因物资而争，其中"智而明者"给他们"断曲直"，施刑罚，让他们息争。这就是"君长"。有"君长刑政"然后有秩序，然后有"群"。群与群又因物资相争，息争的是兵强德大的人；于是乎有诸侯。诸侯相争，息争的是德大的人；于是乎有方伯、连帅。方伯、连帅相争，息争的是德更大的人；于是乎有天子。"然后天下会于一"②。群的发展是自小而大，自下而上。这是柳宗元的封建起源论社会起源论，也就是他的政治哲学。所谓"势"，就指这种自然的发展而言。他的理论大概是从《荀子》来的。《荀子·礼论篇》说："人生而有欲。欲而不得，则不能无求。求而无度量分界，则不能不争，争则乱，乱则穷。先王恶其乱也，故制礼义以分之。"《君道篇》又说："君者，何也？曰，能群也。"这便是"君长刑政"起于"争"的道理，不过说得不成系统罢了。"假物"也是借用《荀子·劝学篇》"君子……善假于物"的话，篇中已提明荀卿。至于那种层次的发展，是恰和

《墨子·尚同篇》所说翻了个个儿。《尚同篇》以为"正长""刑政"起于"乱"；而封建的社会的发展是自天子至于"乡里之长"，是自大而小，自上而下。柳宗元建立了他的封建起源论社会起源论，接着就说"自天子至于里胥，其德在人（民）者，死'必'求其嗣而奉之"②。这是说明封建的世袭制的来由，但未免太简单化了些。

可是社会的自然发展是"势"，圣人的"不得已"也是"势"。篇中论汤武不革除封建制的缘故道："盖以诸侯归殷者三千焉，资以黜夏，汤不得而废；归周者八百焉，资以胜殷，武王不得而易。徇之以为安，仍之以为俗，汤、武之所不得已也。"⑬"徇之以为安，仍之以为俗"，不免是姑息，不免是妥协。所以接着便说，"汤、武之所不得已也。夫不得已，非公之大者也，私其力于己也，私其卫于子孙也"⑬。这种"不得已"出于私心，虽然也是"势"，却跟那圣人也无可奈何的"生人（民）之初"的"势"不一样。但是无论怎么样，封建"非圣人之意"是一定的。在封建的世袭制下，"世大夫世食禄邑，以尽其封略，圣贤生于其时，亦无以立于天下"⑭。圣人哪会定下这种不公的制度呢？本篇除辩明"封建非圣人意也，势也"这个主旨以外，还设了三个难。末一难是"殷周，圣王也，而不革其制，固不当复议也"。柳宗元便举出"汤、武之所不得已"来破这一难，已见上。中一难是"夏、商、周封建而延，秦郡邑而促"⑫。《六代论》开端就说"昔夏、殷、周之历世数十，而秦二世而亡"；杜佑也以为封建制"主祚常永"，郡县制"主祚常促"。但这也是封建论者一般的意见，因为周历年八百，秦二世而亡，可以作他们的有力的证据。柳宗元却只举魏晋唐三代作反证。魏晋两代，封建制还存着，"而二姓陵替，不闻延祚"；唐代改了郡县制，"垂二百祀，大业弥固"⑫。可见朝代的长短和封建是无关的。头一难是："封建者，必私其土，子其人（民）。适其俗，修其理（治），施化易也。守宰者，苟其心，思迁其秩而已，何能理（治）乎？"⑦这也是《五等论》里一层主要的意思，而且是陆机自己的见解——他那"共忧乐，同安危"的论据是袭用曹冏的。这里他说："五等之君为己思治，郡县之长为利图物。何以征之？盖企及进取，仕子之常志；修己安民，良士之所希及。夫进取之情锐而安民之誉迟。是故侵百姓以利己者，在位所不惮，损实事以养民者，官长所夙夜也。君无卒岁之图，臣挟一时之志。五等则不然，知国为己土，众皆我民，民安己受其利，国伤家婴其病。故前人欲以垂后，后嗣思其堂构；为上无苟且之心，群下知胶固之义。""共忧乐，同安危"，是从治者方面看，"施化"的难易是从受治者方面看。这后一层的重要仅次于前者，也是封建论者一种有力的论据。所以本篇列为头一难。别的两难，柳宗元只简单地驳了过去；只对于这一难，却历引周秦汉唐的事迹，证明它的不正确。他对于"共忧乐，同安危"那个论据，除建立了新的替代的"势"的理论外，也曾引周秦汉唐的事迹作证。这一难的重要性由此可见。篇中两回引周秦汉唐的事迹，观点却不同。一回着重在"制"在治者；一回着重在"政"，在被治者。但从实际的政治里比较封建制和郡县制的得失，却是一样的。

照全篇所论，封建制有三失。一是"诸侯盛强，末大不掉"，天子"徒建空名于公侯之上"③。二是"列侯骄盈，黩货事戎；大凡乱国多，理（治）国寡"⑧。三是"继世而理（治）"君长的贤不肖未可知，"生人（民）之理（治）乱未可知"⑭。因为"末大不掉"，便有陆机说的"侵弱之辱"，"土崩之困"；本篇论周代的末路"判为十二，分为七国，威分于陪臣之邦，国殄于后封之秦"③，正是这种现象。因为"列侯骄盈，黩货事戎"，便不免"奸利浚财，估势作威，大刻于民"的情形⑩。而这两种流弊大半由于"继世而理（治）"，便是所谓"世袭"。"生人（民）之初"，各级的君长至少是"智而明者"，此外"有兵有德"；越是高级的君长德越大②。虽然在我们看，这只是个理想，但柳宗元自己应该相信这是真的，他也应该盼望本篇的读者相信这是真的。那么，封建制刚开头的时候，该是没有什么弊病的。弊病似乎起于"其德在人（民）者，死必求其嗣而奉之"②。这就是"继世而理（治）"。"继世而理（治）"的嗣君不必是"智而明者"，更不必"有德"。这种世袭制普遍推行，世君之下，又有"世大夫"，使得"圣贤生于其时，亦无以立于天下"⑭。这不是和"生人（民）之初""智而明者""有德"者作君长的局面刚刚相反了吗？自然，事实上世袭制和封建制是分不开的，是二而一的。可是柳宗元直到篇末才将"继世而理（治）"的流弊概括地提了一下，似乎也太忽略了这制度的重要性了？不，他不是忽略，他有他的苦衷。他生在君主世袭的时代，怎能明目张胆地攻击世袭制呢？他只能主张将无数世袭的"君长"归并为一个世袭的天子，他只能盼望这个世袭的天子会选贤与能去作"守宰"。篇中所论郡县制之得有二。一是"摄制四海，运于掌握之内"④，便是中央集权的意思。二是陆机所谓"官方（宜也）庸（同'用'）能"；按本篇的说法，便是"孟舒、魏尚之术"可得而施，"黄霸、汲黯之化"可得而行⑩——一方面也便是圣贤有以立于天下⑭。但本篇重在"破"而不在"立"，封建之失，指摘得很详细，郡县之得，只略举纲目罢了。

本篇论历代政制的得失，只举周秦汉唐四代。"尧、舜、禹、汤之事远"③，所以存而不论。尧舜禹汤时代的史料留传的太少，难以考信，存而不论是很谨慎的态度。"及有周而甚详"③，从周说起，文献是足征的。不但文献足征，周更是封建制的极盛时期和衰落时期。这里差不多可以看见封建制的全副面目。这是封建制的最完备最适当的代表。而周代八百年天下，又是封建论者所艳羡的，并且是他们凭借着起人信心的实证。秦是第一个废封建置郡县的朝代；这是一个革命的朝代。可是二世而亡，留给论史家许多争辩。封建论者很容易地指出，这短短的一代是封建制的反面的铁证。反封建论者像柳宗元这样，却得很费心思来解释秦的速亡并不在郡县制上——郡县固然亡，封建还是会亡的。汉是封建和郡县两制并用；郡县制有了长足的发展，封建制也经过几番修正，渐渐达到名存实亡的地步。

年代又相当长。这是郡县制成功的时代，也是最宜于比较两种制度的得失的时代。所以本篇说，"继汉而帝者，虽百代（世）可知也"⑤。汉可以代表魏晋等代；篇中只将魏晋带了一笔，并不详叙，便是为此。汉其实也未尝不可代表唐。但柳宗元是唐人，他固然不肯忽略自己的时代；而更有关系的是安史以来的"藩镇"的局面，那不能算封建却又像封建的，别的朝代未尝没有这种情形，却不像唐代的显著和深烈，这是柳宗元所最关心的。他的反封建，不但是学术的兴趣，还有切肤之痛。就这两种制度本身看，唐代并不需要特别提出；但他却两回将本朝跟周秦汉相提并论，可见是怎样的郑重其事了。《唐书·宗室传赞》说杜佑、柳宗元论封建，"深探其本，据古验今而反复焉"。杜佑的全文不可见，以本篇而论，这却是一个很确切的评语。"深探其本"指立封建起源论，"据古验今而反复"正指两回将唐代跟周秦汉一并引作论证。

篇中两回引证周秦汉唐的事迹，观点虽然不同，而"制"的得失须由"政"见，所论不免有共同的地方，评为"反复"是不错的。第一回引证以"制"为主，所以有"非郡邑之制失"④，"徇周之制"，"秦制之得"⑤，"州县之设，固不可革"⑥等语。这里周制之失是"末大不掉"③，秦制之得是"摄制四海，运于掌握之内"④；汉代兼用两制，"有叛国而无叛郡"⑤，得失最是分明。秦虽二世而亡，但"有叛人（民）而无叛吏"④，可见"非郡邑之制失"。唐用秦制，虽然"桀猾时起，虐害方域"但"有叛将而无叛州"，可见"失不在于州而在于兵"⑥。兵原也可以息争，却只能用于小群小争。群大了，争大了，便得"有德"，而且得有大德。"藩镇"是大群，有大争；而有兵无德，自然便乱起来了。——这番征引是证明"封建非圣人意也，势也"那个主旨。第二回引证以"政"为主，所以有"侯伯不得变其政"，"失在于制，不在于政"⑧，"失在于政，不在于制"⑨，"天子之政行于郡，不行于国"⑩等语。周虽失"政"，但"侯伯不得变其政，天子不得变其君"，上下牵制，以至于此。所以真正的失，还"在于制，不在于政"。秦制是"得"了，而郡邑无权，守宰不得人；二世而亡，"失在于政"。"汉兴，天子之政行于郡，不行于国"，"侯王虽乱，不可变也；国人虽病，不可除也"。"及夫郡邑，可谓理（治）且安矣"⑩。篇中接着举出孟舒、魏尚、黄霸、汲黯几个贤明的守宰。"政"因于"制"，由此可见。至于唐"尽制郡邑，连置守宰"⑪，"制"是已然"得"了，只要"善制兵，谨择守"，便会"理（治）平"⑪，不致失"政"。这就是上文提到的柳宗元向当时执政者建议的简要的原则了。——这番征引是证明郡县的守宰"施化易"而"能理（治）"⑦，回答那第一难。郡县制的朝代虽也会二世而亡，虽也会"桀猾时起，虐害方域"⑥，但这是没有认真施行郡县制的弊病，郡县制本身并无弊病。封建制本身却就有弊病，"政"虽有一时的得失，"侵弱之辱""土崩之困"终久是必然的。——篇中征引，第一回详于周事，第二回详于汉事。这因为周是封建制的代表，汉是"政"因于"制"的实证的缘故。唐是柳宗元自己的时代，他知道的事迹应该最多，可是说的最少。一来是因为就封建郡县两制而论，唐代本不占重要的地位，用不着详其所不当详。二来也许是因为当代人论当代事，容易触犯忌讳，所以还是概括一些的好。

政制的作用在求"理（治）平"⑪或"理（治）安"⑩⑭，这是"天下之道"。"理（治）安"在乎"得人"，"使贤者居上不肖者居下，而后可以'理（治）安'"⑭。郡县制胜于封建制的地方便在能择守宰，能进贤退不肖，赏贤罚不肖。"且汉知孟舒于田叔，得魏尚于冯唐，闻黄霸之明审，睹汲黯之简靖，拜之可也，复其位可也，卧而委之以辑一方可也。有罪得以黜，有能得以赏；朝拜而不道，夕斥之矣；夕受而不法，朝斥之矣。"⑩这正是能择人，能择人才能"得人"。但如孟舒、魏尚，本都是罢免了的，文帝听了田叔和冯唐的话，才知道他们的贤能，重行起用，官复原职。可见知人善任，赏罚不差，也是不容易的。这不但得有贤明的君主，还得有贤明的辅佐。"谨择守"⑪只是个简要的原则，实施起来，得因时制宜，斟酌重轻，条目是无穷尽的。能"谨"择守宰，便能"得人"，天下便能"理（治）安"了。"得人"真可算是一个不变的道理；纵贯古今，横通四海，为政都不能外乎此，不过条目随时随地不同罢了。柳宗元说郡县制是"公之大者"⑱，便是为此。封建之初，虽然是"其德在人（民）者"，死了才"求其嗣而奉之"②，但后来却只是"继世而理（治）"。"继世而理（治）者，上果贤乎？下果不肖乎？"⑭这只是私天下，家天下。"圣贤生于其时，亦无以立于天下，封建者为之也"⑭。汤武虽是"圣王"，而不能革除封建制，也不免有私心；他们是"私其力于己也，私其卫于子孙也"。秦始皇改封建为郡县，其实也出于另一种私心，这是"私其一己之威"，"私其尽臣畜于我"。可是从天下后世看，郡县制使贤不肖各居其所，使圣贤有以立于天下，确是"公之大者"。所以说"公天下之端自秦始"⑬。向来所谓"公天下"，原指尧舜传贤，对禹传子的"家天下"而言。那是整个儿的"以天下与人"。但尧舜之事太"远"了，太理想了。本篇着重实际的政制，所以存而不论。就实际的政制看，到了柳宗元的时代，郡县制确是"公之大者"。他将新的意义给予"公天下"这一语，而称"公天下之端自秦始"，也未尝没有道理。

议论文不管是常理，是创见，总该自圆其说，所谓"持之有故，言之成理"。最忌的是自相矛盾的毛病。议论文的作用原在起信；不能自圆其说，甚至于自相矛盾，又怎么能说服别人呢？本篇开端道："天地果无初乎？吾不得而知之也。生人（民）果有初乎？吾不得而知之也，然则孰为近？曰，有初为近。孰明之？由封建而明之也。"上面的两答，好像是平列的；下面的两问两答却偏承着"生人（民）果有初乎？"那一问说下去，将"天地果无初乎？"一问撇开了。按旧来的看法，这一问原是所谓陪笔；这样撇开正是很经济的。可是我们觉得"无初"一问既然在篇首和"有初"一问平列的提出，总该交代一笔，才好撇开去。照现在这样，不免使人遗憾。篇中又说，"群之分，其争必大；大而后有兵有德"。接着却只说

"德又大者"，更不提"有兵"一层。论到世袭制，也只说"其德在人（民）者，死必求其嗣而奉之"②。柳宗元不提"有兵"的用意，我们是可以看出的，上文已见。他这儿自然也是所谓省笔；可是逻辑的看，他是并没有自圆其说的。——前一例是逻辑的不谨严，广义地说，不谨严也是没有自圆其说的一目。又，篇中说："彼封建者，更古圣王尧舜禹汤文武而莫能去之。盖非不欲去之也，势不可也。势之来，其生人（民）之初乎？"①后面却又说，"夫殷（汤）、周（武）之不革者，是不得已也"⑬。这"不得已"虽也是"势"，却跟那"生人（民）之初"的势大不相同。这就未免自相矛盾了。篇中又说，"魏之承汉也，封爵犹建；晋之承魏也，因循不革。而二姓陵替，不闻延祚"⑫。这是回答那第二难。但魏晋只是郡县封建两制兼用，而郡县更见侧重。用这两代来证明"秦郡邑而促"，似乎还比用来反证"夏、商、周、汉封建而延"合适些。那么，这也是自相矛盾了。韩愈给柳宗元作墓志，说他"议论证据今古，出入经史百子，踔厉风发，率常屈其座人"。五百家注《柳集》说"韩退之文章过子厚而议论不及；子厚作《封建论》，退之所无"。长于议论的人，精于议论的文，还不免如上所述的毛病，足见真正严密的议论文还得有充分的逻辑的训练才成。

本篇全文是辩论，是非难。开端一节提出"封建非圣人意"，已是一"非"；所以后面提出第一难时说"余'又'非之"⑦。这两大段大体上是"反复"的。反复可以加强那要辩明的主旨，并且可以使文字的组织更显得紧密些。这两段里还用了递进的结构。论封建的起源时，连说"又有大者""又大者"，一层层升上去，直到"天下会于一"。接着从里胥起又一层层升上去，直到天子。论汉代政制时说："设使汉室尽城邑而侯王之，纵令其乱人（民），戚之而已；……明谴而导之，拜受而退已违矣。下令而削之，缔交合从之谋，周于同列，则相顾裂眦，勃然而起。幸而不起，则削其半；削其半，民犹瘁矣。"⑩也是一层层升上去，不过最高一层又分两面罢了。递进跟反复是一样的作用，可以说是"异曲同工"。本篇的组织偏重整齐，反复和递进各是整齐的一目。篇中还用了许多偶句，从开端便是的，总计不下三十处，七十多语。又用了许多排语，如"周有天下"③，"秦有天下"④，"汉有天下"⑤，"周之事迹断可见矣"⑧，"秦之事迹断可见矣"⑨，"周事然也"⑧，"秦事然也"⑨，"汉事然也"⑩，"有叛人（民）而无叛吏"④，"有叛国而无叛郡"⑤，"有叛将而无叛州"⑥，"失不在于州而在于兵"⑥，"失在于制，不在于政"⑧，"失在于政，不在于制"⑨等等。偶句和排语也都可以增强组织的。柳宗元在朝中时，作文还没有脱掉六朝骈俪的规矩；本篇偏重整齐，多半也是六朝的影响。

本篇是辩论文，而且重在"破"，重在非难。凡关键的非难的句子，总是毫不犹疑，斩钉截铁。如开端的"封建非圣人意也"①②，结尾的"非圣人意也"⑭，论秦亡说"非郡邑之制失也"④，回答第二难说"尤非所谓知理（治）者也"⑫，回答第三难说"是大不然"⑬，都是斩截的否定的口气。这些是柳宗元的信念。他要说服别人，让他自己的信念取别人的不同的或者相反的信念而代之，就得用这样刚强的口气。要不然，迟迟疑疑的，自己不能坚信，自己还信不过自己，又怎能使别人信服呢？若是短小精悍的文字，有时不妨竟用这种口气一贯到底。但像本篇这样长文，若处处都用这种口气，便太紧张了，使读者有受威胁之感。再则许多细节，作者本人也未必都能确信不疑，说得太死，让人挑着了眼儿，反倒减弱全文的力量。这儿便得斟酌着掺进些不十分确定的，商榷的或诘难的口气，可不是犹疑的口气。这就给读者留了地步，也给自己留了地步，而且会增加全文的情韵或姿态。在本篇里，如"势之来，其生人（民）之初乎？"①"得非诸侯之盛强，末大不掉之咎软？""则周之败端，其在乎此矣"③。"不数载而天下大坏，其有由矣。"④"易若举而移之以全其人（民）乎？"⑩便都是商榷的口气。如"何系于诸侯哉？"⑫"继世而理（治）者，上果贤乎？下果不肖乎？""岂圣人之制使至于是乎？"⑭便都是诘难的口气。

本篇征引周秦汉唐四代的事迹，而能使人不觉得有纠缠不清或琐屑可厌的地方。这是因为有剪裁。一代的事迹往往浩如烟海，征引时当然得有个选择。选择得按着行文的意念，这里需要的是判断，是眼光。所取的事迹得切合那意念，或巧合那意念；前者是正锋，后者只是偏锋。这是剪裁的第一步。所取的事迹是生料，还得熔铸一番。或引申一面，或概括全面，或竟加以说明；总得使熟悉那些事迹的读者能领会到精细的去处，而不熟悉的读者也能领会到那意念，那大旨。这后一层是很重要的。因为熟悉史事的读者究竟比不熟悉的读者少得多；一般不熟悉史事而读书明理的读者，作者是不得不顾到的。大概简单些的事迹，直陈就行了；复杂些的就得加以概括或说明。这是剪裁的第二步。本篇秦代的事比较少些，比较简单些；但只第一回征引可以算是直陈的④，第二回便以说明为主了⑨。唐代的事虽不少，却也只概括地叙了几句⑥⑪，这缘由上文已见。周汉两代的事都繁多而复杂，最需要第二步的剪裁的便是这些。篇中第一回征引周事甚详，便不得不多用说明的语句。如"然而降于夷王，害礼伤尊，下堂而迎觐者"③，"下堂而迎觐者"是"害礼伤尊"，说明了对于一般读者更方便些。又如"厥后问鼎之轻重者有之，射王中肩者有之，伐凡伯，诛苌弘者有之；天下乖戾，无君君之心"。有了后二语，即使不熟悉上面的三件事，也可以知道它们的性质和征引的用意。又如"遂判为十二，合为七国，威分于陪臣之邦，国殄于后封之秦。则周之败端，其在乎此矣"，"周之败端"也是说明语，这一节也参用概括的叙述，如说周初的封建，只用"周有天下，……离为守臣捍城"一长句。又如"历于宣王，挟中兴复古之德，雄南征北伐之威，卒不能定鲁侯之嗣"，也是的。——末一语在不熟悉史事的读者，可以"概括化"为"卒不能定诸侯之嗣"，意思还是明白的。篇中征引汉事，多作概括语。如"数年之间，奔命扶伤而不暇；困平城，病流矢"⑤，上面接着"汉有天下"，叙的自然是高祖了。这里前二语概括了数年间诸王叛变的事迹，后二语举了两个最厉害的例子，只要知道了这两件事是数年间最厉害的例子。一般的读者也就算懂得了。下面紧接着，"陵迟不救者三代；后乃谋臣献画，而离削自守矣"，寥寥二语里也概括了许多事迹。又如"且汉知孟舒于田叔，……卧而委之以辑一方可也"一长句⑩，连举了六个人名，似乎会使一般的读者感到困难。但说"知"，说"得"，说"明审"，"简靖"，又说"拜之"，"复其位"，"卧而委之以辑一方"，这些说明的词句，用加上上下文，那六个人名也不会妨碍一般的读者了解大意的。

篇中有些词句，也许需要讨论。如"不初无以有封建"①，"不初"等于"不是生人（民）之初"，"初"是名词作动词用；"无以"是熟语。全句翻成白话是，"不是生民之初，没理由会有封建"，或"不是初民社会不会有封建"。这句话若用文言的肯定语气，该作"有初而后有封建"，但不及双重否定的斩截有斤两。"周有天下，裂土田而瓜分之，设五等，邦群后；布履星罗，四周于天下，……"句读是照旧传。有人在"邦"字断句，将"群后"属下句。这样，"周……设五等邦""群后布履星罗，……"好像容易讲解些，也合于文法些。但"五等"是成词，"五等邦"罕见；本篇还有六朝骈俪的规矩，"设五等，邦群后"二语正是相偶的。至于文法，骈体和诗自有它们的规律，跟一般的文法原有不同的去处。所以我们觉得还是旧传的句读理长些。——"履"是"所达到的地界"，"布履"是"分布的地界"。"据天下之雄图，都六合之上游"④，写秦的形势。

这儿"雄图"的"图"是版图，不是谋略。"六合"原指天地四方，这儿只是宇内或天下的意思。——"六合"用在这里实在不妥帖；只因上一语有了"天下"，只得另找一词对偶。这是骈体的毛病。——"负锄梃谪戍之徒"④一语，从贾谊《过秦论》的"锄耰棘矜""谪戍之众"变出，但不是骈体的句子而是"古文"的句子。这种句法，以前似乎没有，大概是当时的语言的影响。——韩愈提倡"古文"，主要的其实也只是教人照自然的语气造句行文罢了。这一语里"负锄梃"是形容"谪戍之徒"的，翻成白话的调子该是"负锄梃的谪戍之徒"；按文法说，"负锄梃"下似乎该有个"之"字。但一语两个"之"字，便嫌啰唆，句子显得不"健"似的，"古文"里这样两"之"的句法极罕见。这些地方不宜拘守那并未十分确定的文法，只消达意表情明白而有力就成。况且"负锄梃"这样句法后来也成了用例了。"继汉而帝者，虽百代（世）可知也"⑤，袭用《论语》"其或继周者，虽百世可知也"；不过孔子的话只是理想，柳宗元却至少有唐代作证。"有理（治）人（民）之制而不委郡邑是矣，有理（治）人（民）之臣而不使守宰是矣"⑨，是说明"秦之事迹"的。第一语"理（治）人（民）之制"就指的郡县制；可是郡邑无权。第二语"理（治）人（民）之臣"泛指贤能之士；贤能不在位，守宰不得人。"幸而不起，则削其半；削其半，民犹瘁矣"⑩，"削其半"是被朝廷"削其半"，"民犹瘁矣"是说那被削的一半的人民在被削以前，和那未被削的一半的人民，总之是吃苦的。"将欲利其社稷，以一其人（民）之视听，则又有世大夫世食禄邑，以尽其封略"④，前二语只是"为施政的便利，求制度的一贯"的意思。——以上是句。"所伏必众"②，伏，服也。"圜视而合从"④，"圜视"出在贾谊的《治安策》里，就是"睁圆了眼看着"，表示惊愕的神气；"合从"借用六国合从的事迹，表示"叛秦"的意思。"戚之而已"⑩，戚，忧也，又愤恨也。这些是"实词"。"告之以直而不改，必痛之而后畏"②，两"之"字泛指上句里"所伏"的人——指其中的有些人。"秦制之得，亦以明矣"⑤，"以"和"已"通用。"私其力于已也，私其卫于子孙也"，"私其一已之威也，私其尽臣畜于我也"⑬，四"其"字都相当于白话的"那"字。这些是"半实词"。"彼其初与万物皆生"②，"其"等于"之"；这里用较古的"其"，是郑重的语气。"秦有天下，裂都会而为之郡邑，废侯卫而为之守宰"④，两"之"字也只是增强语气的词。"及夫大逆不道"，"及夫郡邑，可谓理（治）且安矣"⑩，两"及夫"都是"至于"的意思，但第一个指时间说，第二个指论点说。"且汉知孟舒于田叔……"⑩，"且"只是发端词，和"夫"字一样。这儿用"且"，也许是有意避开上面两个"及夫"里的"夫"字——那两个"夫"字可是增强"及"字的语气的。这些是"虚词"。

　　篇中除袭用《论语》一句外，还袭用贾谊《过秦论》和《六代》《五等》两论的词句不少。如"秦有天下"一节④，便多出于《过秦论》。其中"负锄梃"二语上文已论。"据天下之雄图，都六合之上游，摄制四海，运于掌握之内"，也是檃栝

《过秦论》的词句。《过秦论》说"秦孝公据函之固，拥雍州之地，……有席卷天下，包举宇内，囊括四海，并吞八荒之心"，又说"及至始皇，奋六世之余烈，振长策而御宇内，吞二周而亡诸侯，履至尊而制六合，执敲朴以鞭笞天下"，都是这四语所本——这儿"六合"这个词是很妥帖的。《六代论》论汉景帝时七国之乱，有"所谓'末大必折，尾大难掉'"一语。这是引用《左传》，本篇用"末大不掉"③，大约还是《六代论》的影响。这儿将原来两语合为一语，自然是求变化。但"末大必折"本说树木枝干太大，根承不住，是会断的。现在这样和另一语拼合起来，各存一半，便不但失去原来两语的意义，而且简直是语不成义了。篇中"矫秦之枉，徇周之制"⑤，出于《五等论》的"汉矫秦枉""秦因循周制"；而"不数载而天下大坏，其有由矣"④的句调也出于同论的"周之不竞，有自来矣"——这两句都是总冒下文的。《六代论》的作者曹冏是魏少帝的族祖。那时少帝年幼。曹冏历举夏殷周秦汉魏六代的事迹，主张封建宗室子弟，"强干弱枝，备万一之虑"，作成此论，想感悟当时的执政者曹爽。曹爽没有采纳他的意见。此论纯为当时而作。《五等论》论"八代之制""秦汉之典"——"八代"指五帝三王而言。陆机是说古来圣王立"五等"治天下，"汉矫秦枉，大启侯王，境土逾溢，不遵旧典"，于是乎有"过正之灾"，却"非建侯之累"。他也是封建制的辩护人，可是似乎纯然出于历史的兴趣，不关时政。本篇只引周秦汉唐的事迹，韩愈所谓"证据今古"，跟曹的重今，陆的述古，都是同而不同；

柳宗元的态度是在曹、陆之间。

封建制郡县制的得失，主要的是中国实际政制问题，不独汉唐为然。明末的顾炎武还作了九篇《郡县论》。他说："知封建之所以变而为郡县，则知郡县之敝而将复变。然则将复变而为封建乎？曰，不能。有圣人起，寓封建之意于郡县之中，而天下治矣。"又说："封建之失，其专在下；郡县之失，其专在上。……有司之官凛凛焉救过之不给，以得代为幸，而无肯为其民兴一日之利者。民乌得而不穷？国乌得而不弱？"他主张"尊令长之秩，而予之以生财治人之权，罢监司之任，设世官之奖，行辟属之法——所谓寓封建之意于郡县之中"（论一）。我们看了他这番话，也许会觉得不伦不类，但他也是冲着时代说的。那时流寇猖獗，到哪里打劫哪里，如入无人之境一般；守土的"令长"大都闻风逃亡，绝少尽职抵抗的人。顾炎武眼见这种情形，才有提高令长职权，创设世官制度那番议论。就是我们民国时代，在国民革命以前，也还有过联省自治和中央集权的讨论，参加的很不少，那其实也在封建制和郡县制的得失的圈子里。

第四章

读书指导（下）

——略读指导举隅

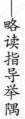

例言

一　本书与《精读指导举隅》一样，专供各中学国文教师参考用。

二　本书专重略读指导，书中举了七部书作例子。计经籍一种，名著节本一种，诗歌选本一种，专集两种，小说两种。其中《孟子》《史记菁华录》《唐诗三百首》《胡适文选》适于高中学生阅读。《蔡孑民先生言行录》《呐喊》《爱的教育》适于初中学生阅读。

三　本书的"前言"是向各位中学教师说的。我们以为对于学生"略读"要做到"指导"二字，至少有这么些工作。否则便是让学生随便看书，不是"指导"他们阅读。

四　本书各篇"指导大概"是用教师的口气向学生说的。我们按照"前言"所指出的，对于每一部书，作了指导的实例。这七篇"大概"都是完整的成篇的文字，只因写下来不得不如此，并不是说每指导一部书，就得向学生作一番这样长长的演讲，讲过了就完事。"指导"得在讨论里；每篇"大概"中的每一节，都该是讨论的结果，这结果该是学生自己研求之后，在讨论时间，又经教师的纠正或补充，才得到的。我们希望各位教师能将这样的态度和方法，应用在别的书籍的略读指导里。

五　本书各篇，我们虽都谨慎地用心地写出，但恐怕还有见不到的错误。盼望各位教师多多指教，非常感谢！

《唐诗三百首》指导大概

有些人在生病的时候或烦恼的时候，拿过一本诗来翻读，偶尔也朗吟几首，便会觉得心上平静些，轻松些。这是一种消遣，但跟玩骨牌或纸牌等等不同，那些大概只是碰碰运气。跟读笔记一类书也不同，那些书可以给人新的知识和趣味，但不直接调平情感。读小说在这些时候大概只注意在故事上，直接调平情感的效用也不如诗。诗是抒情的，直接诉诸情感，又是节奏的，同时直接诉诸感觉，又是最经济的，语短而意长。具备这些条件，读了心上容易平静轻松，也是当然。自来说，诗可以陶冶性情，这句话不错。

但是诗绝不只是一种消遣，正如笔记一类书和小说等不是的一样。诗调平情感，也就是节制情感。诗里的喜怒哀乐跟实生活里的喜怒哀乐不同。这是经过"再团再炼再调和"的。诗人正在喜怒哀乐的时候，绝想不到作诗。必得等到他的情感平静了，他才会吟味那平静了的情感想到作诗；于是乎运思造

196

句，作成他的诗，这才可以供欣赏。要不然，大笑狂号只教人心紧，有什么可欣赏的呢？读诗所欣赏的便是诗里所表现的那些平静了的情感。假如是好诗，说的即使怎样可气可哀，我们还是不厌百回读的。在实生活里便不然，可气可哀的事我们大概不愿重提。这似乎是有私、无私或有我无我的分别，诗里无我，实生活里有我。别的文学类型也都有这种情形，不过诗里更容易见出。读诗的人直接吟味那无我的情感，欣赏它的发而中节，自己也得到平静，而且也会渐渐知道节制自己的情感。一方面因为诗里的情感是无我的，欣赏起来得设身处地，替人着想。这也可以影响到性情上去。节制自己和替人着想这两种影响都可以说是人在模仿诗。诗可以陶冶性情，便是这个意思。所谓温柔敦厚的诗教，也只该是这个意思。

部定初中国文课程标准"目标"里有"养成欣赏文艺之兴趣"一项，略读教材里有"有注释之诗歌选本"一项。高中国文课程标准"目标"里又有"培养学生欣赏中国文学名著之能力"一项，关于略读教材也有"选读整部或选本之名著"的话。欣赏文艺，欣赏中国文学名著，都不能忽略读诗。读诗家专集不如读诗歌选本。读选本虽只能"尝鼎一脔"，却能将各家各派鸟瞰一番；这在中学生是最适宜的，也最需要的。有特殊的选本，有一般的选本。按着特殊的作派选的是前者，按着一般的品味选的是后者。中学生不用说该读后者。《唐诗三百首》正是一般的选本。这部诗选很著名，流行最广，从前是家弦户诵的书，现在也还是相当普遍的书。但这部选本并不成为

古典；它跟《古文观止》一样，只是当年的童蒙书，等于现在
的小学用书。不过在现在的教育制度下，这部书给高中学生读
才合适。无论它从前的地位如何，现在它却是高中学生最合适
的一部诗歌选本。唐代是诗的时代，许多大诗家都在这时代出
现，各种诗体也都在这时代发展。这部书选在清代中叶，入选
的差不多都是经过一千多年淘汰的名作，差不多都是历代公认
的好诗。虽然以明白易解为主，并限定诗篇的数目，规模不免
狭窄些，却因此成为道地的一般的选本，高中学生读这部书，
靠着注释的帮忙，可以吟味欣赏，收到陶冶性情的益处。

本书是清乾隆间一位别号"蘅塘退士"的人编选的。卷头
有《题辞》，末尾记着"时乾隆癸未年春日，蘅塘退士题"。乾
隆癸未是公元一七六三年，到现在快一百八十年了。有一种刻
本"题"字下押了一方印章，是"孙洙"两字，也许是选者的
姓名。孙洙的事迹，因为眼前书少，还不能考出、印证。这件
事只好暂时存疑。《题辞》说明编选的旨趣，很简短，抄在这里：

> 世俗儿童就学，即授《千家诗》，取其易于成诵，故
> 流传不废。但其诗随手掇拾，工拙莫辨。且止七言律绝二
> 体，而唐宋人又杂出其间，殊乖体制。因专就唐诗中脍炙
> 人口之作择其尤要者，每体得数十首，共三百余首，录成
> 一编，为家塾课本。俾童而习之，白首亦莫能废。较《千
> 家诗》不远胜耶？谚云，"熟读唐诗三百首，不会吟诗也会
> 吟"，请以是编验之。

这里可见本书是断代的选本，所选的只是"唐诗中脍炙人口之作"，就是唐诗中的名作。而又只是"择其尤要者"，所以只有三百余首，实数是三百一十首。所谓"尤要者"大概着眼在陶冶性情上。至于以明白易解的为主，是"家塾课本"的当然，无须特别提及。本书是分体编的，所以说"每体得数十首"。引谚语一方面说明为什么只选三百余首。但编者显然同时在模仿"三百篇"，《诗经》三百零五篇，连那有目无诗的六篇算上，共三百一十一篇；本书三百一十首，绝不是偶然巧合。编者是怕人笑他僭妄，所以不将这番意思说出。引谚语另一方面叫人熟读，学会吟诗。我们现在也劝高中学生熟读，熟读才真是吟味，才能欣赏到精微处。但现在却无须再学作旧体诗了。

　　本书流传既广，版本极多。原书有注释和评点，该是出于编者之手。注释只注事，颇简当，但不释义。读诗首先得了解诗句的文义；不能了解文义，欣赏根本说不上。书中各诗虽然比较明白易懂，又有一些注，但在初学还不免困难。书中的评，在诗的行旁，多半指点作法，说明作意，偶尔也品评工拙。点只有句圈和连圈，没有读点和密点——密点和连圈都表示好句和关键句，并用的时候，圈的比点的更重要或更好。评点大约起于南宋，向来认为有伤雅道，因为妨碍读者欣赏的自由，而且免不了成见或偏见。但是谨慎的评点对于初学也未尝没有用处。这种评点可以帮助初学了解诗中各句的意旨并培养他们欣赏的能力。本书的评点似乎就有这样的效用。

　　但是最需要的还是详细的注释。道光间，浙江省建德县（？）人章燮鉴于这个需要，便给本书作注，成《唐诗三百首注疏》一书。他的自跋作于道光甲午，就是公元一八三四年，离蘅塘退士题辞的那年是七十一年。这注本也是"为家塾子弟起见"，很详细。有诗人小传，有事注，有意疏，并明作法，引评语；其中李白诗用王琦《李太白集注》，杜甫诗用仇兆鳌《杜诗详注》。原书的旁评也留着，但连圈没有——原刻本并句圈也没有。书中还增补了一些诗，却没有增选诗家。以注书的体例而论，这部书可以说是驳杂不纯，而且不免烦琐、疏漏、附会等毛病。书中有"子墨客卿"（名翰，姓不详）的校正语十来条，都确切可信。但在初学，这却是一部有益的书。这部书我只见过两种刻本。一种是原刻本。另一种是坊刻本，四川常见。这种刻本有句圈，书眉增录各家评语，并附道光丁酉（公元一八三七）印行的江苏金坛于庆元的《续选唐诗三百首》。读《唐诗三百首》用这个本子最好。此外还有商务印书馆铅印本《唐诗三百首》，根据蘅塘退士的原本而未印评语。又，世界书局石印《新体广注唐诗三百首读本》，每诗后有"注释"和"作法"两项。"注释"注事比原书详细些；兼释字义，却间有误处。"作法"兼说明作意，还得要领。卷首有"学诗浅说"，大致简明可看。书中只绝句有连圈，别体只有句圈；绝句连圈处也跟原书不同，似乎是抄印时随手加上，不足凭信。

　　本书编配各体诗，计五言古诗三十三首、乐府七首，七言古诗二十八首、乐府十四首，五言律诗八十首，七言律诗五十首、乐府一首，五言绝句二十九首、乐府八首，七言绝句五十一首、乐府九首，共三百一十首。五言古诗和乐府，七言古诗和乐府，两项总数差不多。五言律诗的数目超出七言律诗和乐府很多；七言绝句和乐府却又超出五言绝句和乐府很多。这不是编者的偏好，是反映着唐代各体诗发展的情形。五言律诗和七言绝句作的多，可选的也就多。这一层下文还要讨论。五、七、古、律、绝的分别都在形式，乐府是题材和作风不同。乐府也等下文再论，先说五七古律绝的形式。这些又大别为两类：古体诗和近体诗。五七言古诗属于前者，五七言律绝属于后者。所谓形式，包括字数和声调（即节奏），律诗再加对偶一项。五言古诗全篇五言句，七言古诗或全篇七言句，或在七言句当中夹着一些长短句。如李白《庐山谣》开端道：

> 我本楚狂人，狂歌笑孔丘。
> 手持绿玉杖，朝别黄鹤楼。
> 五岳寻山不辞远，一生好入名山游。

又如他的《宣州谢朓楼饯别校书叔云》开端道：

> 弃我去者昨日之日不可留，乱我心者今日之日多烦忧。
> 长风万里送秋雁，对此可以酣高楼。

这些都是五七言古诗。五七古全篇没有一定的句数。古近体诗都得用韵，通常两句一韵，押在双句末字；有时也可以一句一韵，开端时便多如此。上面引的第一例里"丘""楼""游"是韵，两句间见；第二例里"留"和"忧"是逐句韵，"忧"和"楼"是隔句韵。古体诗的声调比较近乎语言之自然，七言更其如此，只以读来顺口听来顺耳为标准。但顺口顺耳跟着训练的不同而有等差，并不是一致的。

近体诗的声调却有一定的规律；五七言绝句还可以用古体诗的声调，律诗老得跟着规律走。规律的基础在字调的平仄，字调就是平上去入四声，上去入都是仄声。五七言律诗基本的平仄式之一如次：

五律

仄仄平平仄　平平仄仄平
平平平仄仄　仄仄仄平平
仄仄平平仄　平平仄仄平
平平平仄仄　仄仄仄平平

七律

平平仄仄仄平平　仄仄平平仄仄平
仄仄平平平仄仄　平平仄仄仄平平
平平仄仄平平仄　仄仄平平仄仄平
仄仄平平平仄仄　平平仄仄仄平平

即使不懂平仄的人也能看出律诗是两组重复、均齐的节奏所构成，每组里又自有对称、重复、变化的地方。节奏本是异中有同，同中有异，律诗的平仄式也不外这个理。即使不懂平仄的人只默诵或朗吟这两个平仄式，也会觉得顺口顺耳；但这种顺口顺耳是音乐性的，跟古体诗不同，正和语言跟音乐不同一样。律诗既有平仄式，就只能有八句，五律是四十字，七律是五十六字——排律不限句数，但本书里没有。绝句的平仄式照律诗减半——七绝照七律的前四句，就是只有一组的节奏。这里所举的平仄式只是最基本的，其中有种种重复的变化。懂得平仄的自然渐渐便会明白。不懂平仄的，只要多读，熟读，多朗吟，也能欣赏那些声调变化的好处，恰像听戏多的人不懂板眼也能分别唱的好坏，不过不大精确就是了。四声中国人人语言中有，但要辨别某字是某声，却得受过训练才成。从前的训练是对对子跟读四声表，都在幼小的时候。现在高中学生不能辨别四声也就是不懂平仄的，大概有十之八九。他们若愿意懂，不妨试读四声表。这只消从《康熙字典》卷首附载的《等韵切音指南》里选些容易读的四声如"巴把霸捌""庚梗更格"之类，得闲就练习，也许不难一旦豁然贯通。（中华书局出版的《学诗入门》里有一个四声表，似乎还容易读出，也可用。）律诗还有一项规律，就是中四句得两两对偶，这层也在下文论。

初学人读诗，往往给典故难住。他们一回两回不懂，便望而生畏，因畏而懒；这会断了他们到诗去的路。所以需要注释。但典故多半只是历史的比喻和神仙的比喻；用典故跟用比喻往往是一个理，并无深奥可畏之处。不过比喻多取材于眼前的事物，容易了解些罢了。广义的比喻连典故在内，是诗的主要的生命素；诗的含蓄，诗的多义，诗的暗示力，主要的建筑在广义的比喻上。那些取材于经验和常识的比喻——一般所谓比喻只指这些——可以称为事物的比喻，跟历史的比喻，神仙的比喻是鼎足而三。这些比喻（广义，后同）都有三个成分：一、喻依，二、喻体，三、意旨。喻依是作比喻的材料，喻体是被比喻的材料，意旨是比喻的用意所在。先从事物的比喻说起。如"天边树若荠"（五古，孟浩然，《秋登兰山寄张五》），荠是喻依，天边树是喻体，登山望远树，只如荠菜一般，只见树的小和山的高，是意旨。意旨却没有说出。又，"今朝此为别，何处还相遇？世事波上舟，沿洄安得住！"（五古，韦应物，《初发扬子寄元大校书》）世事是喻体，沿洄不得住的波上舟是喻依，惜别难留是意旨——也没有明白说出。又，"吴姬压酒劝客尝"（七古，李白，《金陵酒肆留别》），当垆是喻体，压酒是喻依，压酒的"压"和所谓"压装"的"压"用法一样，压酒是使酒的分量加重，更值得"尽觞"（原诗，"欲行不行各尽觞"）。吴姬当垆，助客酒兴是意旨。这里只说出喻依。又，"辞严义密读难晓，字体不类隶与蝌。年深岂免有缺画？快剑斫断生蛟鼍。鸾翔凤翥众仙下，珊瑚碧树交枝柯。金绳铁索锁纽壮，古鼎跃水龙腾梭。"（七古，韩愈，《石鼓歌》）"快剑"以下五句都是描写石鼓的字体的。这又分两层。第一，专描写残缺的字。缺画是喻体，"快剑"句是喻依，缺画依然劲挺有生气是意旨。第二，描写字体的一般。字体便是喻体，"鸾翔"以下四句是五个喻依——"古鼎跃水"跟"龙腾梭"各是一个喻依。意旨依次是隽逸，典丽，坚壮，挺拔——末两个喻依只一个意旨，都指字体而言，却都未说出。又，"大弦嘈嘈如急雨，小弦切切如私语；嘈嘈切切错杂弹，大珠小珠落玉盘。间关莺语花底滑，幽咽泉流冰下难"（原作"水下滩"依段玉裁说改——七古，白居易，《琵琶行》）。这几句都描写琵琶的声音。大弦嘈嘈跟小弦切切各是喻体，急雨跟私语各是喻依，意旨一个是高而急，一个是低而急。"嘈嘈"句又是喻体，"大珠"句是喻依，圆润是意旨。"间关"二句各是一个喻依，喻体是琵琶的声音；前者的意旨是明滑，后者是幽涩。头两层的意旨未说出，这一层喻体跟意旨都未说出。事物的比喻虽然取材于经验和常识，却得新鲜，才能增强情感的力量；这需要创造的工夫。新鲜还得入情入理，才能让读者消化，这需要雅正的品味。

有时全诗是一套事物的比喻，或者一套事物的比喻渗透在全诗里。前者如朱庆余《近试上张水部》：

> 洞房昨夜停红烛，待晓堂前拜舅姑。
> 妆罢低声问夫婿，"画眉深浅入时无？"（七绝）

唐代士子应试，先将所作的诗文呈给在朝的知名人看。若得他赞许宣扬，登科便不难。宋人诗话里说，"庆余遇水部郎中张籍，因索庆余新旧篇什，寄之怀袖而推赞之，遂登科"。这首诗大概就是呈献诗文时作的。全诗是新嫁娘的话，她在拜舅姑以前问夫婿，画眉深浅合式否？这是喻依。喻体是近试献诗文给人，朱庆余是在应试以前问张籍，所作诗文合式否？新嫁娘问画眉深浅，为的请夫婿指点，好让舅姑看得入眼。朱庆余问诗文合式与否，为的请张籍指点，好让考官看得入眼。这是全诗的主旨。又，骆宾王《在狱咏蝉》：

> 西陆蝉声唱，南冠客思深。
>
> 那堪玄鬓影，来对白头吟。
>
> 露重飞难进，风多响易沉。
>
> 无人信高洁，谁为表予心！（五律）

这是闻蝉声而感身世。蝉的头是黑的，是喻体，玄鬓影是喻依，意旨是少年时不堪回首。"露重"一联是蝉，是喻依，喻体是自己，身微言轻是意旨。诗有长序，序尾道："庶情沿物应，哀弱羽之飘零，道寄人知，悯余声之寂寞。"正指出这层意旨。"高洁"是蝉，也是人，是自己；这个词是双关的，多义的。又，杜甫《古柏行》（七古）咏夔州武侯庙和成都武侯祠的古柏，作意从"君臣已与时际会，树木犹为人爱惜"二语见出。篇末道：

> 大厦如倾要梁栋，万牛回首丘山重。
>
> 不露文章世已惊，未辞剪伐谁能送？

苦心岂免容蝼蚁？香叶终经宿鸾凤。

志士幽人莫怨嗟，古来材大难为用。

大厦倾和梁栋虽已成为典故，但原是事物的比喻。两者都是喻依。前者的喻体是国家乱；大厦倾会压死人，国家乱人民受难，这是意旨。后者的喻体是大臣，梁栋支柱大厦，大臣支持国家，这是意旨。古柏是栋梁材，虽然"不露文章世已惊"，也乐意供世用，但是太重了，太大了，谁能送去供用呢？无从供用，渐渐心空了，蚂蚁爬进去了；但是"香叶终经宿鸾凤"，它的身份还是高的。这是喻依。喻体是怀才不遇的志士幽人。志士幽人本有用世之心，但是才太大了，无人真知灼见，推荐入朝。于是贫贱衰老，为世人所揶揄，但是他们的身份还是高的。这是材大难为用，是意旨。

典故只是故事的意思。这所谓故事包罗的却很广大。经史子集等等可以说都是的；不过诗文里引用，总以常见的和易知的为主。典故有一部分原是事物的比喻，有一部分是事迹，另一部分是成辞。上文说典故是历史的比喻和神仙的比喻，是专从诗文的一般读者着眼，他们觉得诗文里引用史事和神话或神仙故事的地方最困难。这两类比喻都应该包括着那三部分。如前节所引《古柏行》里的"大厦如倾要梁栋"，"大厦之倾，非一木所支"，见《文中子》；"栝柏豫章虽小，已有栋梁之器"，是袁粲叹美王俭的话，见《晋书》。大厦倾和梁栋都是历史的比喻，同时可还是事物的比喻。又，"乾坤日夜浮"（五律，杜甫，

《登岳阳楼》）是用《水经注》。《水经注》道："洞庭湖广五百里，日月若出没其中。"乾坤是喻体，日夜浮是喻依。天地中间好像只有此湖；湖盖地，天盖湖，天地好像只是日夜飘浮在湖里。洞庭湖的广大是意旨。又，"古调虽自爱，今人多不弹"（五绝，刘长卿，《弹琴》），用魏文侯听古乐就要睡觉的话，见《礼记》。两句是喻依，世人不好古是喻体，自己不合时宜是意旨。这三例不必知道出处便能明白；但知道出处，句便多义，诗味更厚些。

引用事迹和成辞不然，得知道出处，才能了解正确。如"圣代无隐者，英灵尽来归。遂令东山客，不得顾采薇。"（五古，王维，《送綦毋潜落第还乡》）谢安曾隐居会稽东山。东山客是喻依，喻体是綦毋潜，意旨是大才隐处。采薇是伯夷、叔齐的故事，他们义不食周粟，隐于首阳山，采薇而食。采薇是喻依，隐居是喻体，自甘淡泊是意旨。又，"客心洗流水"（五律，李白，《听蜀僧濬弹琴》），流水用俞伯牙、钟子期的故事，俞伯牙弹琴，志在流水。钟子期就听出了，道："洋洋乎，若江河！"诗句是倒装，原是说流水洗客心。流水是喻依，喻体是蜀僧濬的琴曲，意旨是曲调高妙。洗流水又是双关的，多义的。洗是喻依，净是喻体，高妙的琴曲涤净客心的俗虑是意旨。洗流水又是喻依，喻体是客心；听琴而客心清净，像流水洗过一般，是意旨。又，钱起《送僧归日本》（五律）道："……浮天沧海远，去世法舟轻。……惟怜一灯影，万里眼中明。"一灯影用《维摩经》。经里道："有法门，名无尽灯。譬如一灯燃百千灯，冥者皆明，明终不尽。夫一菩萨开导千百众生，令发阿耨多罗三藐三菩提心（译言'无上正等正觉心'），其于道意亦不灭尽。是名无尽灯。"这儿一灯是喻依，喻体是觉者；一灯燃千百灯，一觉者造成千百觉者，道意不灭是意旨。但在诗句里，一灯影却指舟中禅灯的光影，是喻依，喻体是那日本僧，意旨是他回国传法，辗转无尽。——"惟怜"是"最爱"的意思。又，"后来鞍马何逡巡，当轩下马入锦茵。杨花雪落覆白苹，青鸟飞去衔红巾。炙手可热势绝伦，慎莫近前丞相嗔！"（七古，乐府，杜甫，《丽人行》）全诗咏三月三日长安水边游乐的情形，以杨国忠兄妹为主。诗中上文说到虢国夫人和秦国夫人，这几句说到杨国忠——他那时是丞相。"杨花"二语正是暮春水边的景物。但是全诗里只在这儿插入两句景语，奇特的安排暗示别有用意。北魏胡太后私通杨华作《杨白花歌辞》，有"杨花飘荡落南家""愿衔杨花入窠里"等语。白苹，旧说是杨花入水所化。杨国忠也和虢国夫人私通。"杨花"句一方面是个喻依，喻体便是这件事实。杨国忠兄妹相通，都是杨家人，所以用杨花覆白苹为喻，暗示讥刺的意旨。青鸟是西王母传书带信的侍者。当时总该有些侍婢是给那兄妹二人居间。"青鸟"句一方面也是喻依，喻体便是这些居间的侍婢，意旨还是讥刺杨国忠不知耻。青鸟是神仙的比喻。这两句隐约其词，虽志在讥刺，而言之者无罪。又杜甫《登楼》（七律）：

花近高楼伤客心，万方多难此登临。

锦江春色来天地，玉垒浮云变古今。

北极朝廷终不改，西山寇盗莫相侵。

可怜后主还祠庙，日暮聊为《梁父吟》。

旧注说本诗是代宗广德二年在成都作。元年冬，吐蕃陷京师，郭子仪收复京师，请代宗反正。所以有"北极"二句。本篇组织用赋体，以四方为骨干。锦江在东，玉垒山在西，"北极"二句是北眺所思。当时后主附祀先主庙中，先主庙在成都城南。"可怜"二句正是南瞻所感（罗庸先生说，见《国文月刊》九期）。可怜后主还有祠庙，受祭享；他信任宦官，终于亡国，辜负了诸葛亮出山一番。《三国志》里说"亮躬耕陇亩，好为《梁父吟》"，《梁父吟》的原辞不传（流传的《梁父吟》绝不是诸葛亮的《梁父吟》），大概慨叹小人当道。这二语一方面又是喻依，喻体是代宗和郭子仪；代宗也信任宦官，杜甫希望他"亲贤臣，远小人"（诸葛亮《出师表》中语），这是意旨。"日暮"句又是一喻依，喻体是杜甫自己；想用世是意旨。又，"今朝郡斋冷，忽念山中客。涧底束荆薪，归来煮白石"（五古，韦应物，《寄全椒山中道士》），煮白石用鲍靓事。《晋书》："靓学兼内外，明天文河洛书。尝入海，遇风，饥甚，取白石煮食之。"煮白石是喻依，喻体是那山中道士，他的清苦生涯是意旨。这也是神仙的比喻。又，"总为浮云能蔽日，长安不见使人愁"（七律，李白，《登金陵凤凰台》），两句一贯，思君的意思似甚明白。但乐府《古杨柳行》道，"谗邪害公正，浮云蔽白日"，古句也道,"浮云蔽白日,游子不顾反",本诗显然在引用成辞。陆贾《新语》说:"邪官之蔽贤,犹浮云之障日月。"本诗的"浮云能蔽日"一方面也是喻依,喻体大概是杨国忠等遮塞贤路。意旨是邪臣蔽君误国;所以有"长安"句。历史的比喻和神仙的比喻引用故事,得增减变化,才能新鲜入目。宋人所谓"以旧为新",便是这意思。所引各例可见。

典故渗透全诗的,如孟浩然《临洞庭上张丞相》(五律):

八月湖水平,涵虚混太清。
气蒸云梦泽,波撼岳阳城。
欲济无舟楫,端居耻圣明。
坐观垂钓者,徒有羡鱼情。

张丞相是张九龄,那时在荆州。前四语描写洞庭湖,三四是名句。后四语蝉联而下,还是就湖说,只"端居"句露出本意,这一语便是《论语》"邦有道,贫且贱焉,耻也"的意思。"欲济"句一方面说想渡湖上荆州去,却没有船,一方面是一喻依。伪《古文尚书·说命》殷高宗命傅说道,若济巨川,"用汝作舟楫"。本诗用这喻依,喻体却是欲用世而无引进的人,意旨是希望张丞相援手。"坐观"二语是一喻依。《汉书》用古人言,"临渊羡鱼,不如退而结网"。本诗里网变为钓。这一联的喻体是羡人出仕而得行道。自己无钓具,只好羡人家钓得的鱼,自己不得仕,只好羡人家行道。意旨同上。

全诗用典故最多的，本书中推杜甫《寄韩谏议注》一首（七古）：

今我不乐思岳阳，身欲奋飞病在床。
美人娟娟隔秋水，濯足洞庭望八荒。
鸿飞冥冥日月白，青枫叶赤天雨霜。
玉京群帝集北斗，或骑麒麟翳凤凰。
芙蓉旌旗烟雾落，影动倒景摇潇湘。
星宫之君醉琼浆，羽人稀少不在旁。
似闻昨者赤松子，恐是汉代韩张良。
昔随刘氏定长安，帷幄未改神惨伤。
国家成败吾岂敢，色难腥腐餐枫香。
周南留滞古所惜，南极老人应寿昌。
美人胡为隔秋水！焉得置之贡玉堂！

韩谏议的名字事迹无考。从诗里看，他是楚人，住在岳阳。肃宗平定安史之乱，收复东西京，他大约也是参与机密的一人。后来去官归隐，修道学仙。这首诗是爱惜他，思念他。第一节说思念他，是秋日，自己是在病中。美人这喻依见《楚辞》，但在这儿喻体是韩谏议，意旨是他的才能出众。"鸿飞冥冥，弋人何篡焉！"见扬雄《法言》。这儿一方面描写秋天的实景，一方面是喻依；喻体还是韩谏议，意旨是他已逃出世网。第二节说京师贵官声势煊赫，而韩谏议不在朝。本节差不多全是神仙的比喻，各有来历。"玉京"句一喻依，喻体是集于君侧的朝廷贵官，意旨是他们承君命掌大权。"或骑"二语一套喻依——"烟雾落"就是落在烟雾中，喻体同上句，意旨是他们的骑从仪卫之盛。影是芙蓉旌旗的影。"影动"句一喻依，喻体是声势煊赫，从京师传遍天下；意旨是在潇湘的韩谏议也必闻知这种声势。星宫之君就是玉京群帝，醉琼浆的喻体是宴饮，意旨是征逐酒食。羽人是飞仙，羽人稀少就是稀少的羽人；全句一喻依，喻体是一些远隐的臣僚不在这繁华场中，意旨是韩谏议没有分享到这种声势。第三节说韩谏议曾参与定乱收京大计，如今却不问国事，修道学仙。全节是神仙的比喻夹着历史的比喻。昨者是从前的意思。如今的赤松子，昨者"恐是汉代韩张良"。韩张良的跟赤松子的喻体都是韩谏议，前者的意旨是他有谋略，后者的意旨是他修道学仙。别的喻依可以准此类推下去。第四节说他闲居不出很可惜，祝他老寿，希望朝廷再起用他来匡君济世。太史公司马谈因病留滞周南，不得参与汉武帝的封禅大典，引为平生恨事。诗中"周南留滞"是喻依，喻体是韩谏议，意旨是他闲居乡里。南极老人就是寿星，是喻依，喻体同，意旨便是"应寿昌"。以上只阐明大端，细节从略。

　　诗和文的分别，一部分是在词句篇段的组织上，诗的组织比文的组织要经济些。引用比喻或典故，一个原因便是求得经济的组织。在旧体诗里，有字数声调对偶等制限，有时更不得不铸造一些特别经济的组织来适应。这种特殊的组织在文里往往没有，至少不常见。初学遇到这种地方也感困难，或误解，或竟不懂。这得去看详细的注释。但读诗多了，常常比较着看，也可明白。这种特殊的组织也常利用比喻或典故组成，那便更复杂些。如刘长卿《送李中丞归汉阳别业》（五律）：

> 流落征南将，曾驱十万师。
> 罢归无旧业，老去恋明时。
> 独立三边静，轻生一剑知。
> 茫茫江汉上，日暮欲何之！

"轻生一剑知"就是一剑知轻生的意思；轻生是说李中丞作征南将时不顾性命杀敌人。一剑知就是自己知；剑是杀敌所用，是自己的一部分，部分代全体是修辞格之一。自己知又有两层用意：一是问心无愧，忠可报君，二是只有自己知，别人不知。上下文都可印证。又，"即此羡闲逸，怅然吟式微"（五古，王维，《渭川田家》），式微用《诗经》。《式微》篇道："式微，式微，胡不归！"本诗的《式微》是篇名，指的是这篇诗。吟《式微》，只是取"胡不归"那一语，用意是"何不归田呢"。又，"惟将迟暮供多病，未有涓埃答圣朝"（七律，杜甫，《野望》），"恐美人之迟暮"见《楚辞》，迟暮是老大无成的意思。"惟将"句是说自己已老大，不曾有所建树报答圣朝，加上迟暮的年光又都消磨在多病里，虽然"海内风尘"（见本诗第三句），却丝毫的力量也不能尽。"供"是喻依，杜甫自己是喻体，消磨在里面是意旨。这三例都是用辞格（也是一种比喻）或典故组成的。又如李颀《送陈章甫》（七古）末尾道，"闻道故林相识多，罢官昨日今如何？"昨日罢官，想到就要别了许多朋友归里，自然不免一番寂寞；但是"闻道故林相识多"，今日临行，想到就要会见着那些故林相识的朋友，又觉如何呢？——该不会寂寞了吧？昨今对照，用意是安慰。——昨日是日前的意思。又刘长卿《寻南溪常道士》：

> 一路经行处，莓苔见屐痕。
> 白云依静渚，芳草闭闲门。
> 过雨看松色，随山到水源。
> 溪花与禅意，相对亦忘言。

去寻常道士，他不在寓处；"随山到水源"才寻着。对着南溪边的花和常道士的禅意，却不觉忘言。相对是和"溪花与禅意"相对着。禅意给人妙悟，溪花也给人妙悟——禅家有拈花微笑的故事，那正是妙悟的故事，所以说"与"。妙悟是忘言的。寻着了常道士，却被溪花与禅意吸引住！只顾欣赏那无言之美，不想多交谈，所以说"亦"忘言。又，韦应物《送杨氏女》（五古），是送女儿出嫁杨家，前面道："女子今有行，大江溯轻舟。尔辈苦无恃，抚念益慈柔。幼为长所育，两别泣不休。"篇尾道："归来视幼女，零泪缘缨流。"全诗不曾说出杨氏女是长女，但读了这几句关系自然明白。

倒装这特殊的组织，诗里也常见。如"竹喧归浣女，莲动下渔舟"（五律，王维，《山居秋暝》），"归浣女""下渔舟"就是浣女归，渔舟下。又，"家书到隔年"（五律，杜牧，《旅宿》）就是家书隔年到。又，"东门酤酒饮我曹"（七古，李颀，《送陈章甫》），"饮我曹"就是我曹饮，从上下文可知。又，"名岂文章著，官应老病休"（五律，杜甫，《旅夜书怀》），就是文章岂著名，老病应休官。又，"幽映每白日"（五律，刘眘虚，《阙题》），就是白日每幽映。又，"徒劳恨费声"（五律，李商隐，《蝉》），就是费声恨徒劳。又，"竹怜新雨后，山爱夕阳时"（五律，钱起，《谷口书斋寄杨补阙》），就是怜新雨后之竹，爱夕阳时之山——怜爱同意。又，"独夜忆秦关，听钟未眠客"（五古，韦应物，《夕次盱眙县》）就是听钟未眠客，独夜忆秦关。这些倒装句里纯然为了适应字数声调对偶等制限的却没有，它们主要的作用还在增强语气。此外如"何因不归去，淮上对秋山？"（五律，韦应物，《淮上喜会梁州故人》）这是诘问自己，"何因"直贯下句，二语合为一句。这也为了经济的缘故。——至如"少陵无人谪仙死"（七古，韩愈，《石鼓歌》），"无人"也就是"死"。这是求新，求惊人。又，"百年多是几多时"（七律，元稹，《遣悲怀》之三），是说百年虽多，究竟又有多少时候呢。这也许是当时口语的调子。又如"云中君不见"（五律，马戴，《楚江怀古》），云中君是一个词，这句诗上三字下二字，跟一般五言句上二下三的不同，但似乎只是个无意为之的例外，跟古诗里"出郭门直视"一般。可是如"永夜角声悲自语，中天月色好谁看"（七律，杜甫，《宿府》），"五更鼓角声悲壮，三峡星河影动摇"（七律，杜甫，《阁夜》），都是上五下二，跟一般七言句上四下三或上二下五的不同；又，"近寒食雨草萋萋，著麦苗风柳映堤"（七绝，无名氏，《杂诗》），每句上四字作一二一，而一般作二二或三一。这些却是有意变调求新了。

　　本书选诗，各方面的题材大致都有，分配又匀称，没有单调或琐屑的弊病。这也是唐代生活小小的一个缩影。可是题材的内容虽反映着时代，题材的项目却多是汉魏六朝诗里所已有。只有音乐图画似乎是新的。赋里有以音乐为题材的，但晋以来就少。唐代音乐图画特别发达，反映到诗里，便增加了题材的项目。这也是时势使然。在各种题材里，"出处"是一重大的项目。从前读书人唯一的出路是出仕，出仕为了行道，自然也为了衣食。出仕以前的隐居，干谒，应试（落第）等，出仕以后的恩遇，迁谪，乃至忧民，忧国，思林栖，思归田等，乃至真个辞官归田，都是常见的诗的题目，本书便可作例。仕君行道是儒家的思想，隐居和归田都是道家的思想。儒道两家的思想合成了从前的读书人。但是现在时势变了，读书人不一定出仕，林栖、归田等思想也绝无仅有。有些人读这些诗，也许会觉得不真切，青年学生读书，往往只凭自己的狭隘的兴趣，更容易有此感。但是会读诗的人，多读诗的人能够设身处地，替古人着想，依然觉得这些诗真切。这是情感的真切，不是知识的真切。这些人不但对于现在有情感，对于过去也有情感。他们知道唐人的需要，唐人的得失，和现代人不一样，可是在读唐诗的时候，只让那对于过去的情感领着走；这种无私，无我，无关心的同情教他们觉到这些诗的真切。这种无关心的情感需要慢慢调整自己，扩大自己，才能养成。多读史，多读诗，是一条修养的途径，就是那些比较有普遍性的题材，如相思，离别，慈幼，慕亲，友爱等也还是需要无关心的情感。这些题材的节目多少也跟着时代改变一些，固执"知识的真切"的人读古代的这些诗，有时也不能感到兴趣。

至于咏古之作，如唐玄宗《经鲁祭孔子而叹之》（五律），是古人敬慕古人，纪时之作；如李商隐《韩碑》（七古），是古人论当时事。虽然我们也敬慕孔子，替韩愈抱屈，但知识地看，古人总隔一层。这些题材的普遍性比前一类低减些，不过还在"出处"那项目之上。还有，朝会诗，如岑参，王维《和贾至舍人早朝大明宫之作》（七律），见出一番堂皇富丽的气象；又，宫词，往往见出一番怨情，宛转可怜。可是这些题材现代生活里简直没有。最别扭的是边塞和从军之作，唐人很喜欢作这类诗，而悯苦寒讽黩武的居多数，跟现代人冒险尚武的精神恰恰相反。但荒寒的边塞自是一种新境界，从军苦在当时也是一种真情的流露；若能节取，未尝没有是处。要能欣赏这几类诗，那得靠无关心的情感。此外，唐人酬应的诗很多，本书里也可见。有些人觉得作诗该等候感兴，酬应的诗不会真切。但仗兴而作的人向来大概不多；据现在所知，只有孟浩然是如此。作诗都在情感平静了的时候，运思造句都得用到理智；仗兴而作是无所为，酬应而作是有所为，在功力深厚的人其实无多差别。酬应的诗若能恰如分际，也就见得真切。况是这种诗里也不短至情至性之作。总之，读诗得除去偏见和成见，放大眼光，设身处地看去。

明代高棅编选《唐诗品汇》，将唐诗分为四期。后来虽有种种批评，这分期法却渐被一般沿用。初唐是高祖武德元年（公元六一八）至玄宗开元初（公元七一三），约一百年。盛唐是玄宗开元元年至代宗大历初（公元七六六），五十多年。中唐是代宗大历元年至文宗太和九年（公元八三五），七十年。晚唐是文宗开成元年（公元八三六）至昭宗天祐三年（公元九〇六），八十年。初唐诗还是齐梁的影响，题材多半是艳情和风云月露，讲究声调和对偶。到了沈佺期、宋之问手里，便成立了律诗的体制。这是唐代诗坛一件大事，影响后世最大。当时有个陈子昂，独主张复古，扩大诗的境界。但他死得早，成就不多。盛唐诗李白努力复古，杜甫努力开新。所谓复古，只是体会汉魏的作风和借用乐府诗的题目，并非模拟词句。所以陈子昂、李白都能够创一家，而李白的成就更大。他的成就主要的在七言乐府，绝句也独步一时。杜甫却各体诗都是创作，全然不落古人窠臼。他以时事入诗，议论入诗，使诗散文化，使诗扩大境界；一方面研究律诗的变化，用来表达各种新题材。他的影响的久远，似乎没有一个诗人比得上。这时期作七古体的最多，为的这一体比较自由，又刚在开始发展。而王维、孟浩然专用五律写山水，也能变古成家。中唐诗人韦应物、柳宗元的五古以复古的作风创作，各自成家。古文家韩愈继承杜甫，更使诗向散文化的路上走。宋诗受他的影响极大。他的门下作诗，有词句冷涩的，有题材诡僻的，本书里只选了贾岛一首。另一面有些人描写一般的社会生活，这原是乐府精神，却也是杜甫开的风气。元稹、白居易主张诗该写社会生活而有规讽的作意，才是正宗。但他们的成就却不在此而在情景深切，明白如话。他们不避俗，跟韩愈一派恰相对照，可也出于杜甫。晚唐诗刻画景物，雕琢词句，题材又回到风云月露和艳情上，只加了一些雅事。诗境重趋狭窄，但精致过于前人。这时期的精力集中在近体诗。精致的只是词句，全篇组织往往配合不上。就中李商隐、温庭筠虽咏艳情，却有大处奇处，不局蹐在绮靡的圈子里，而李商隐学杜学韩境界更广阔些。学杜韩而兼受温李熏染的是杜牧，豪放之余，不失深秀。本书选诗七十七家，初唐不到十家，盛中晚三期各二十多家。入选的诗较多的八家。盛唐四家：杜甫的三十六首，王维二十九首，李白二十九首，孟浩然十五首。中唐二家：韦应物十二首，刘长卿十一首。晚唐二家：李商隐二十四首，杜牧十首。

李白诗，书中选五古三首、乐府三首，七古四首、乐府五首，五律五首，七律一首，五绝二首、乐府一首，七绝二首、乐府三首。各体都备，七古和乐府共九首，最多，五七绝和乐府共八首，居次。李白，字太白，蜀人，玄宗时做供奉翰林，触犯了杨贵妃，不能得志。他是个放浪不羁的人，便辞了职，游山水、喝酒，作诗。他的态度是出世的，作诗全任自然。当时称他为"天上谪仙人"，这说明了他的人和他的诗。他的乐府很多，取材很广；他其实是在抒写自己的生活，只借用乐府的旧题目而已。他的七古和乐府篇幅恢弘，气势充沛，增进了七古体的价值。他的绝句也奠定了一种新体制。绝句最需要经济的写出，李白所作，自然含蓄，情韵不尽。书中所收《下江陵》一首，有人推为唐代七绝第一。

杜甫诗，计五古五首，七古五首、乐府四首，五、七律各十首①，五、七绝各一首。只少五言乐府，别体都有。律诗共二十首，最多；七古和乐府共九首，居次。杜甫，字子美，河南巩县人。安禄山陷长安，肃宗在灵武即位。他从长安逃到灵武，做了左拾遗的官。后因事被放，辗转流落到成都，依故人严武，做到"检校工部员外郎"。世称杜工部。他在蜀住得很久。他是儒家的信徒，一辈子惦着仕君行道；又身经乱离，亲见民间疾苦。他的诗努力描写当时的情形，发抒自己的感想。唐代用诗取士，诗原是应试的玩意儿；诗又是供给乐工歌妓唱来伺候宫廷和贵人的玩意儿。李白用来抒写自己的生活，杜甫用来抒写那个大时代，诗的境界扩大了，地位也增高了。而杜甫抓住了广大的实在的人生，更给诗开辟了新世界。他的诗可以说是写实的，这写实的态度是从乐府来的。他使诗历史化，散文化，正是乐府的影响。七古体到他手里正式成立，律诗到他手里应用自如——他的五律极多，差不多穷尽了这一体的

---

① 现今《唐诗三百首》的通行本收录杜甫七律13首，即《咏怀古迹》5首，蘅塘退士只选2首，通行本增补3首。

变化。

王维诗，计五古五首，七言乐府三首，五律九首，七律四首，五绝五首，七绝和乐府三首，五律最多。王维，字摩诘，太原人，试进士，第一，官至尚书右丞。世称王右丞。他会草书隶书，会画画。有别墅在辋川，常和裴迪去游览作诗。沈、宋的五律还多写艳情，王维改写山水，选词造句都得自出心裁。从前虽也有山水诗，但体制不同，无从因袭。苏轼说他"诗中有画"。他是苦吟的，宋人笔记里说他曾因苦吟走入醋缸里；他的《渭城曲》（乐府），有人也推为唐代七绝压卷之作。他的诗是精致的。

孟浩然诗，计五古三首，七古一首，五律九首，五绝二首，也是五律最多。孟浩然，名浩，以字行，襄州襄阳人，隐居鹿门山，四十岁才游京师。张九龄在荆州，召为僚属。他用五律写江湖，却不苦吟，伫兴而作。他专工五言，五言各体都擅长。山水诗不但描写自然，还欣赏自然；王维的描写比孟浩然多些。

韦应物诗，五古七首，五律二首，七律一首，五七绝各一首，五古多。韦应物，京兆长安人，作滁州刺史，改江州，入京作左司郎中，又出作苏州刺史。世称韦左司或韦苏州。他为人少食寡欲，常焚香扫地而坐。诗淡远如其人。五古学古诗，学陶诗，指事述情，明白易见——有理语也有理趣，正是陶渊明所长。这些是淡处。篇幅多短，句子浑含不刻画，是远处。朱子说他的诗无一字造作，气象近道。他在苏州所作《郡斋雨中与诸文士燕集》诗开端道："兵卫森画戟，宴寝凝清香；海上风雨至，逍遥池阁凉。"诗话推为一代绝唱，也只是为那肃穆清华的气象。篇中又道，"自惭居处崇，未睹斯民康"，《寄李儋元锡》（七律）也道，"邑有流亡愧俸钱"，这是忧民；识得为政之体，才能有些忠君爱民之言。

刘长卿诗，计五律五首，七律三首，五绝三首，五律最多。刘长卿，字文房，河间人，登进士第，官终随州刺史。世称刘随州。他也是苦吟的人，律诗组织最为精密整炼；五律更胜，当时推为"五言长城"。上文曾举过两首作例，可见出他的用心处。

李商隐诗，计七古一首，五律五首，七律十首，五绝一首，七绝七首，七律最多，七绝居次。李商隐，字义山，河内人，登进士第。王茂元镇河阳，召他掌书记，并使他作女婿。王茂元是李德裕同党，李德裕和令狐楚是政敌。李商隐和令狐楚本有交谊，这一来却得罪了他家。后来令狐楚的儿子令狐绹做了宰相，李商隐屡次写信表明心迹，他只是不理。这是李商隐一生的失意事，诗中常常涉及，不过多半隐约其词。后来柳仲郢镇东蜀，他去做过节度判官。他博学强记，又有隐衷，诗里的典故特别多。他的七律里有好些《无题》诗，一方面像是相思不相见的艳情诗，另一方面又像是比喻，咏叹他和令狐绹的事，寄托那"不遇"的意旨。还有那篇《锦瑟》，虽有题，解者也纷纷不一。那或许是悼亡诗，或许也是比喻。又有些咏史诗，如《隋宫》，或许不只是咏古，还有刺时的意旨。他的诗语既然是一贯的隐约，读起来便只能凭文义、典故和他的事迹作一些可能的概括的解释。他的七绝里也有这种咏史或游仙诗，如《隋宫》《瑶池》等。这些都是奇情壮采之作——一方面七律的组织也有了进步，所以入选的多。他的七绝最著名的可是《寄令狐郎中》一首。

杜牧诗，五律一首，七绝九首，几乎是专选一体。杜牧，字牧之，登进士第。牛僧孺镇扬州，他在节度府掌书记，又做过司勋员外郎。世称杜司勋，又称小杜——杜甫称老杜。他很有政治的眼光，但朝中无人，终于是个失意者。他的七绝感慨深切，情辞新秀。《泊秦淮》一首也曾被推为压卷之作。

唐以前的诗，可以说大多数是五古，极少数是七古，但那些时候并没有体制的分类。那些时候诗的分类，大概只从内容方面看，最显著的一组类别是五言诗和乐府诗。五言诗虽也从乐府转变而出，但从阮籍开始，已经高度的文人化，成为独立的抒情写景的体制。乐府原是民歌，叙述民间故事，描写各社会的生活，有时也说教，东汉以来文人仿作乐府的很多，大都沿用旧题旧调，也是五言的体制。汉末旧调渐亡，文人仿作，便只沿用旧题目，但到后来诗中的话也不尽合于旧题目。这些时候有了七言乐府，不过少极；汉魏六朝间著名的只有曹丕的《燕歌行》，鲍照的《行路难》十八首等。乐府多朴素的铺排，跟五言诗的浑含不露有别。五言诗经过汉魏六朝的演变，作风也分化。阮籍是一期，陶渊明、谢灵运是一期，"官体"又是一期。阮籍抒情，"志在刺讥而文多隐避"（颜延年、沈约等注《咏怀诗》语），最是浑含不露。陶谢抒情、写景、说理，渐趋详切，题材是田园山水。宫体起于梁简文帝时，以艳情为主，渐讲声调对偶。

初唐五古还是宫体余风，陈子昂、张九龄、李白主张复古，虽标榜"建安"（汉献帝年号，建安体的代表是曹植），实是学阮籍。本书张九龄《感遇》二首便是例子。但盛唐五古，张九龄以外，连李白所作（《古风》除外）在内，可以说都是陶、谢的流派。中唐韦应物、柳宗元也如此。陶、谢的详切本受乐府的影响。乐府的影响到唐代最为显著。杜甫的五古便多从乐府变化。他第一个变了五古的调子，也是创了五古的新调子。新调子的特色是散文化。但本书所选他的五古还不是新调子，读他的长篇才易见出。这种新调子后来渐渐代替了旧调子。本书里似乎只有元结《贼退示官吏》一首是新调子，可是散文化太过，不是成功之作。至于唐人七古，却全然从乐府变出。这又有两派。一派学鲍照，以慷慨为主；另一派学晋《白纻（舞名）歌辞》（四首，见《乐府诗集》）等，以绮艳为主。李白便是著名学鲍照的，盛唐人似乎已经多是这一派。七言句长，本不像五言句的易加整炼，散文化更方便些。《行路难》里已有散文句。李白诗里又多些，如，"我欲因之梦吴越"（《梦游天姥吟留别》），又如上文举过的"弃我去者"二语。七古体夹长短句原也是散文化的一个方向。初唐陈子昂《登幽州台歌》全首道："前不见古人，后不见来者。念天地之悠悠，独怆然而涕下。"简直没有七言句，却也可以算入七古里。到了杜甫，更有意地以文为诗，但多七言到底，少用长短句。后来人作七古，多半跟着他走。他不作旧题目的乐府而作了许多叙述时事，描写社会生活的诗。这正是乐府的本来面目。本书据《乐府诗集》将他的《哀江头》《哀王孙》等都放在七言乐府里，便是这个理。从他以后，用乐府旧题作诗的就渐渐地稀少了。另一方面，元稹、白居易创出一种七古新调，全篇都用平仄调协的律句，但押韵随时转换，平仄相间，各句安排也不像七律有一定的规矩。这叫长庆体。长庆是穆宗的年号，也是元白的集名。本书白居易的《长恨歌》《琵琶行》都是的。古体诗的声调本来比较近乎语言之自然，长庆体全用律句，反失自然，只是一种变调。但却便于歌唱。《长恨歌》可以唱，见于记载，可不知道是否全唱。五七古里律句多的本可歌唱，不过似乎只唱四句，跟唱五七绝一样。古体诗虽不像近体诗的整炼，但组织的经济也最着重。这也是它跟散文的一个主要的分别。前举韦应物《送杨氏女》便是一例。又如李白《宣州谢朓楼饯别校书叔云》里道，"蓬莱文章建安骨，中间小谢又清发"，一方面说谢朓（小谢），一方面是比喻。且不说喻旨，只就文义看，"蓬莱"句又有两层比喻，全句的意旨是后汉文章首推建安诗。"中间"句说建安以后"大雅久不作"（见李白《古风》第一首），小谢清发，才重振遗绪；"中间""又"三个字包括多少朝代，多少诗家，多少诗，多少议论！组织有时也变换些新方式，但得出于自然。如李白《梦游天姥吟留别》（七古）用梦游和梦醒作纲领，韩愈《八月十五夜赠张功曹》用唱歌跟和歌作纲领，将两篇歌辞穿插在里头。

律诗出于齐梁以来的五言诗和乐府。何逊、阴铿、徐陵、庾信等的五言都已讲究声调和对偶。庾信的《乌夜啼》乐府简直像七律一般；不过到了沈、宋才成定体罢了。律首声调，前已论及。对偶在中间四句，就是第一组节奏的后两句，第二组节奏的前两句，也是异中有同，同中有异。这样，前四句由散趋整，后四句由整复归于散，增前两组节奏的往复回还的效用。这两组对偶又得自有变化，如一联写景，一联写情，一联写见，一联写闻之类，才不至板滞，才能和上下打成一片。所谓情景或见闻，只是从浅处举例，其实这中间变化很多，很复杂。五律如"地犹鄹氏邑，宅即鲁王宫。叹凤嗟身否，伤麟怨道穷"（唐玄宗，《经鲁祭孔子而叹之》）。四句虽两两平列，可是前一联上句范围大，下句范围小，后一联上句说平时，下句说将死，便见流走。又，"为我一挥手，如听万壑松。客心洗流水，余响入霜钟"（李白，《听蜀僧濬弹琴》）。前联一弹一听，后联一在弹，一已止，各是一串儿。又，"遥怜小儿女，未解忆长安；香雾云鬟湿，清辉玉臂寒"（杜甫，《月夜》）。"遥怜"直贯四句。小儿女"未解忆长安"固然可怜，"香雾"云云的人（杜甫妻）解得忆长安，也许更可怜些。前联只是一句话，后联平列，两相调剂着。律诗多在四句分段，但也不尽然，从这一首可见。又，前面引过的刘长卿《寻南溪常道士》次联"白云依静渚，芳草闭闲门"，似乎平列，用意却侧重寻常道士不遇，侧重在下句。三联"过雨看松色，随山到水源"，上句景物，下句动作，虽然平列而不是一类。再说"过雨"，暗示忽然遇雨，雨住后松色才更苍翠好看；这就兼着叙事，跟单纯写景又不同。

七律如"云边雁断胡天月，陇上羊归塞草烟。回日楼台非甲帐，去时冠剑是丁年"（温庭筠，《苏武庙》）。前联平列，但不是单纯的写景句；这中间引用着《汉书·苏武传》，上句意旨是和汉朝音信断绝（雁足传书事），下句意旨是无归期（匈奴使苏武牧牡羊，说牡羊有乳才许归汉）。后联说去汉时还是冠剑的壮年，回汉时武帝已死；"丁年奉使"见李陵《答苏武书》，甲帐是头等帐，是武帝作来敬神的，见《汉武故事》。这一联是倒装，为的更见出那"不堪回首"的用意。又，"玉玺不缘归日角，锦帆应是到天涯。于今腐草无萤火，终古垂杨有暮鸦"。（李商隐，《隋宫》）日角是额骨隆起如日，是帝王之相，这儿是根据《旧唐书》，用来指太宗。锦帆指隋炀帝的游船，见《开河记》。这一联说若不因为太宗得了天下，炀帝还该游得远呢。上句是因，下句是果。放萤火，种垂杨，都是炀帝的事。后联平列，上句说不放萤火，下句说垂杨栖鸦，一有一无，却见出"而今安在"一个用意。又，李商隐《筹笔驿》中二联道："徒令上将挥神笔，终见降王走传车。管乐有才真不忝，关张无命欲何如！"筹笔驿在绵州绵谷县，诸葛武侯曾在那里驻军筹画。上将指武侯，降王指后主；管乐是管仲、乐毅，武侯早年曾自比这二人。前联也是倒装，因为"终见"，才觉"徒令"。但因"筹笔"想到"降王"，即景生情，虽倒装还是自然。后联也将"有""无"对照，见出本诗末句"恨有余"的用意。七律对偶用倒装句，因果句，到晚唐才有。七言句长，整炼较难，整炼而能变化如意更难。唐代律诗刚创始，五言比较容易些，发展得自然快些。作五律的大概多些，好诗也多些，本书五律多，便是这个缘故。律诗也有不对偶或对偶不全的，如李白《夜泊牛渚怀古》（五律），又如崔颢《黄鹤楼》（七律）的次联，这些只算例外。又有不调平仄的，如《黄鹤楼》和王维《终南别业》（五律），也是例外。——也有故意这样作的，后来称为拗体，但究竟是变调。本书不选排律。七言排律本来少，五言的却多，也推杜甫为大家。排律将律诗的节奏重复多次，便觉单调，教人不乐意读下去。但本书不选，恐怕是为了典故多。晚唐律诗着重一句一联，忽略全篇的组织，因此后人评论律诗，多爱摘句，好像律诗篇幅完整的很少似的。其实不然，这只是偏好罢了。

绝句不是截取律诗的四句而成。五绝的源头在六朝乐府里。六朝五言四句的乐府很多，《子夜歌》最著名。这些大都是艳情之作，诗中用谐声辞格很多。谐声辞格如"嬉子"谐"喜"声，"藁砧"就是"铁"（铡刀）谐"夫"声。本书选了权德舆《玉台体》一首，就是这种诗。也许因为诗体太短，用这种辞格来增加它的内容，这也是多义的一式。但唐代五绝已经不用谐声辞格，因为不大方，范围也窄。唐代五绝有调平仄的，有不调平仄而押仄声韵的；后者声调上也可以说是古体诗，但题材和作风不同。所以容许这种声调不谐的五绝，大约也是因为诗体太短，变化少；多一些自由，可以让作者多一些回旋的地步。但就是这样，作的还是不多。七言四句的诗，唐以前没有，似乎是唐人的创作。这大概是为了当时流行的西域乐调而作；先有调，后有诗。五七绝都能歌唱，七绝歌唱的更多——该是因为声调曼长，好听些。作七绝的比作五绝的多得多，本书选得也多。唐人绝句有两种作风：一是铺排，一是含蓄。前者如柳宗元《江雪》：

> 千山鸟飞绝，万径人踪灭；
> 孤舟蓑笠翁，独钓寒江雪。

又，韦应物《滁州西涧》：

> 独怜幽草涧边生，上有黄鹂深树鸣；
> 春潮带雨晚来急，野渡无人舟自横。

柳诗铺排了三个印象，见出"江雪"的幽静，韦诗铺排了四个印象，见出西涧的幽静；但柳诗有"千山""万径""绝""灭"等词，显得那幽静更大些。所谓铺排，是平排（或略参差，如所举例）几个同性质的印象，让它们集合起来，暗示一个境界。这是让印象自己说明，也是经济的组织，但得选择那些精的印象。后者是说要从浅中见深，小中见大，这两者有时是一回事。含蓄的绝句，似乎是正宗，如杜牧《秋夕》：

银烛秋光冷画屏，轻罗小扇扑流萤。

天街夜色凉如水，卧看牵牛织女星。

是说宫人秋夕的幽怨，可作浅中见深的一例。又刘禹锡《乌衣巷》：

朱雀桥边野草花，乌衣巷口夕阳斜。

旧时王谢堂前燕，飞入寻常百姓家。

乌衣巷是晋代王导、谢安住过的地方，唐代早为民居。诗中只用野花、夕阳、燕子，对照今昔，便见出盛衰不常一番道理。这是小中见大，也是浅中见深。又，王之涣《登鹳雀楼》：

白日依山尽，黄河入海流。

欲穷千里目，更上一层楼。

鹳雀楼在平阳府蒲州城上。白日依山，黄河入海，一层楼的境界已穷，若要看得更远，更清楚，得上高处去。三四句上一层楼，穷千里目，是小中见大；但另一方面，这两句可能是个比喻，喻体是人生，意旨是若求远大得向高处去。这又是浅中见深了。但这一首比较前二首明快些。

论七绝的称含蓄为"风调"。风飘摇而有远情，调悠扬而有远韵，总之是余味深长。这也配合着七绝的曼长的声调而言，五绝字少节促，便无所谓风调。风调也有变化，最显著的是强弱的差别，就是口气否定、肯定的差别。明清两代论诗家推举唐人七绝压卷之作共十一首，见于本书的八首。就是：王维《渭城曲》（乐府），王昌龄《长信怨》和《出塞》（皆乐府），王翰《凉州曲》，李白《下江陵》，王之涣《出塞》（乐府，一作《凉州词》），李益《夜上受降城闻笛》，杜牧《泊秦淮》。这中间四首是乐府，乐府的措辞总要比较明快些。其余四首虽非乐府，也是明快一类。只看八首诗的末二语便可知道。现在依次抄出：

> 劝君更尽一杯酒，西出阳关无故人。
> 玉颜不及寒鸦色，犹带昭阳日影来。
> 但使龙城飞将在，不教胡马度阴山。
> 醉卧沙场君莫笑，古来征战几人回？
> 两岸猿声啼不住，轻舟已过万重山。
> 羌笛何须怨杨柳？春风不度玉门关。
> 不知何处吹芦管，一夜征人尽望乡。
> 商女不知亡国恨，隔江犹唱后庭花。

这些都用否定语作骨子，所以都比较明快些。这些诗也有所含蓄，可是强调。七绝原来专为歌唱而作，含蓄中略求明快，听者才容易懂，适应需要，本当如此。弱调的发展该是晚点儿。——不见于本书的三首，一首也是强调，二首是弱调。

十一首中共有九首强调，可算是大多数。

当时为人传唱的绝句见于本书的，五言有王维的《相思》，七言有他的《渭城曲》，王昌龄的《芙蓉楼送辛渐》和《长信怨》，王之涣的《出塞》。《相思》道：

> 红豆生南国，春来发几枝？
> 愿君多采撷！此物最相思。

《芙蓉楼送辛渐》道：

> 寒雨连江夜入吴，平明送客楚山孤。
> 洛阳亲友如相问，一片冰心在玉壶。

除《长信怨》外，四首都是对称的口气，——王之涣的"羌笛"句是说"你何须吹羌笛的《折柳词》来怨久别？"——那不见于本书的高适的"开箧泪霑臆，见君前日书"一首也是的（这一首本是一首五古的开端四语，歌者截取，作为绝句）。歌词用对称的口气，唱时好像在对听者说话，显得亲切。绝句用对称口气的特别多；有时用问句，作用也一般。这些原都是乐府的老调儿，绝句只是推广应用罢了。风调转而为才调，奇情壮采依托在艳辞和故事上，是李商隐的七绝。这些诗虽增加了些新类型，却非七绝的本色。他又有《雨夜寄北》一绝：

　　君问归期未有期，巴山夜雨涨秋池。
　　何当共剪西窗烛，却话巴山夜雨时！

　　这也是对称的口气。设想归后向那人谈此时此地的情形，见出此时此地思归和相念的心境，回环含蓄，却又亲切明快。这种重复的组织极精练可喜。但绝句以自然为主。像本诗的组织，精练不失自然，是可遇而不可求的。

　　朱宝莹先生有《诗式》（中华版），专释唐人近体诗的作法作意，颇切实，邵祖平先生有《唐诗通论》（《学衡》十二期），颇详明，都可参看。

《蔡孑民先生言行录》指导大概

（一）

本书是新潮社编辑的《新潮丛书》第四种，出版在民国九年。新潮社早已不存在，这部书也早已绝版了。但书的版权已归开明书店所有，我们希望开明能够继续印行（删去《致汪精卫书》和《华工学校讲义》汪序），因为这是一部有益于青年——特别是中学生——的书，在文字上，也在思想上。本书分上下二册，约十七万字。前有凡例，第一条道：

> 蔡先生的道德学问和事业，用不着我们标榜。不过我们知道国内外尚有许多急欲明白先生言行的人，极希望一部有系统的先生言行录：这便是我们编印本书的一点微意。

蔡先生去年死了。盖棺论定，他老人家一生的道德学问和事业的确可以作青年人的模范；他的言行，青年人更该"急欲明白"。这部书的继续印行真是必要的。听说刘开渠先生还给他编了一部全集，似乎没有付印。全集的篇幅一定很多，而且不免有些"与社会无甚关系的"（见凡例第四条）文字。为青年人——特别是中学生——阅读，本书该是更适宜些。

凡例第二条道：

> 本书内容共计先生传略一篇，言论八十四篇，附录三篇。言论大别为六类。分类本是不容易的事；归入甲类的，同时也与乙丙有关。故本书没有标明分类的名目。不过我们可以在这里略为说明的：第一类大约关于最重大普遍的问题；第二类关于教育；第三类关于北京大学；第四类关于中西文化的沟通；第五类为普通的问题；第六类为范围较小，关系较轻的问题。"附录"第一篇内《华工学校讲义》四十小篇……为先生大部分道德精神所寄。其余两篇，系大学改制的提案，也与先生事业很有关系。

（二）

第一类共十八篇，论世界观与人生观、哲学与科学、劳工神圣、国文的趋势，等等。第二类共十六篇，论教育方针、新教育与旧教育、美育、平民教育、五四运动等。第三类共十八篇，说明办北京大学的宗旨和对于学生的希望，还有提倡学生课外活动——音乐、画法、新闻学等——的文字。关系重大的《致公言报并答林琴南君函》便在这一类里。第四类共十一篇，所论以中法文化的沟通为主。第五类共十一篇，杂论修养、学术教育。第六类共十篇，杂论学术、时事、教育，其中有四篇是民国纪元前旧作。《华工学校讲义》三十篇论德育，十篇论智育。这些文字差不多都和教育有关：教育是蔡先生的终生事业，所以他全神贯注，念念不忘。读这部书不妨将第六类和附录的二篇略去，别的都得细看。第三类都是些关于当时的北京大学的文字，似乎不能引起现在中学生读者的兴味。但是不然。民国八年的五四运动，北京大学是领导者，那时正是蔡先生作校长。五四运动是政治运动，同时是新文化运动，影响的重大，青年人都知道。再说改进北京大学也是蔡先生平生最重大的教育事业，值得后来人景仰，所以这一类文字，兴趣绝不会在别的几类以下。

本书六类文字中，文言文五十六篇，白话文二十八篇，共八十四篇。《华工学校讲义》四十篇，全是文言，连前共一百二十四篇，文言文共九十六篇，占全书百分之八十弱。全书按体裁分，又有论文、演说词、序（包括发刊词）、书信、日记、启事等类。论文六十四篇，演说词三十八篇，序十五篇，书信五篇，日记、启事各一篇。这些又都只是说明文和论说文两类。演说词占全书百分之三十，却是文言多于白话；三十八篇里有二十四篇是文言，占百分之六十弱。这中间有三篇注明是别人笔记的，一篇是文言，两篇是白话。还有一篇，题目下注着"八年十二月三日改定"，不知道是不是先经别人笔记后来再改定的。蔡先生是个忙人，该常有些文牍或秘书帮他拟稿。本书所收的文字，除注明别人笔记的三篇演说词以外，原也不一定全出于他的亲手，但大部分该是的。《华工学校讲义》四十篇都是他"手撰"，有明文可据。论文、序、书信里，至少那些重要的是他自己动笔。那篇日记和那条启事更该是他自己写的。别的即使有人拟稿，也该是他的意思，并且经他手定的。全书所收的文字，思想是如此一致，风格也是如此一致，他至少逐篇都下过功夫来看。无论如何，这问题并不影响本书的价值；在文字上，在思想上，本书无疑的是青年人——特别是中学生——有益的读物。现在中学生的读物里最缺乏简短的说明文和议论文，无论文言或白话。再说文言方面有的是古书，唐宋八家文，明人小品文，以及著述文等，这些却都不能帮助学生学习应用的文言。梁启超先生的文言可以算是应用的了，但只在清末合式，现在看来，却还嫌高古似的。只有本书的文言，朴实简明，恰合现在的应用，现在报纸上的文言便是这种文言，这是最显著的标准。我们说应用，蔡先生也说应用（《国文之将来》），又称为"实用"（《论国文的趋势及国文与外国语及科学之关系》），都是广义的。一般所谓"应用文"却是狭义的，指公文、书信、电报、商业文件等。那些都有一定的程式。程式为的求经济，求确当，是一种经验的传统，渗透在我们所谓应用的文言里。学会了应用的文言，学那些程式便不难。应用的文言才是真正的基础。所以我们特别推荐这部书。

（三）

　　蔡先生名元培，字孑民，浙江省绍兴县人，死时年七十四岁。本书里的传略，是江西黄世晖先生记的。黄先生是蔡夫人家里人，记得很确实，虽说是"传略"，却也够详的。蔡先生曾做到清廷的翰林院编修，后来尽力教育，运动革命，又到德国游学。辛亥革命后，回国任教育总长。他觉得和当时的总统袁世凯不能合作，不久便辞职再到德国游学，后来又到法国游学，并帮助李石曾先生等办留法俭学会，组织华法教育会。民国六年回国任北京大学校长。五四运动辞职出京，不久又回任。过了一年多，便出国考察，从此没有回北京大学。国民革命后，任大学院院长。后来改任中央研究院院长，直到去年逝世时止。本书出版在民国九年，所以传略只记到北京大学校长时代。统观蔡先生的一生事业，可以说他是一个革命家，又是一个教育家。辛亥以前，他是革命家。那时虽也尽力教育，却似乎只将教育当手段，达到革命的目的。传略里说他以为戊戌变法康梁"所以失败，由于不先培养革新之人才，而欲以少数人弋取政权，排斥顽旧，不能不情见势细。此后北京政府无可希望，故抛弃京职，而愿委身于教育"（五面）。可见他的动机是在那里。他办教育，提倡民权（参看五面、八面、九面），提倡进化论（参看六面），提倡俄国的虚无主义（参看一四面、一七面）。但他当时虽以教育为手段，却真相信教育的永久的价值。他的游学便为的是充实自己的教育。他在德国研究哲学、文明史等，尤其注重实验心理学和美学。曾进实验心理学研究所参加实验工作（一九面、二四面）。他倾向哲学，而对于科学的训练也不忽略。辛亥以后，他是教育家。他特别提倡公民道德的教育，以及世界观教育、美感教育（《对于教育方针之意见》）。他提倡中西文化的沟通，而特别注重欧化（参看第四类各篇）。他办大学，主张纯粹研究学问，思想自由（参看《北京大学开学式之演说》《北京大学月刊发刊辞》等）。对于中学，反对文理分科，主张"高等普通"的教育（《德国分科中学之说明》）。他又提倡工学（参看《工学互助团的大希望》等），提倡平民教育（参看《在平民夜校开学日的演说》等）。他不但是个理想家，并且是个实行家。这些主张都曾相当地实现，留下强大的影响。他尤其注重砥砺德行，提倡进德会，《华工学校讲义》里有三十篇论德育，以及提倡公民道德的教育，是他一致的态度。他是个躬行实践的人，能做到他所说的，他的话是有重量的。

蔡先生虽做过翰林院编修，但在欧洲研究考察得很久，对于西洋文化认识得很清楚。他看出中国必须欧化。他说：

吾国古代文明，有源出巴比仑之说，迄今尚未证实。汉以后，天方大秦之文物，稍稍输入矣，而影响不著，其最著者，为印度之文明。汉季，接触之时代也；自晋至唐，吸收之时代也。吾族之哲学、文学及美术，得此而放一异彩。自元以来，与欧洲文明相接触，逾六百年矣，而未尝大有所吸收，如球茎之植物，冬蛰之动物，特素所贮蓄者以自赡。日趋羸瘠，亦固其所。至于今日，始有吸收

欧洲文明之机会；而当其冲者，实为我寓欧之同人。(《文明之消化》)

又说：

> 西人之学术所以达今日之程度者，自希腊以来，固已积二千余年之进步而后得之。吾先秦之文化无以远过于希腊，当亦吾同胞之所认许也。吾与彼分道而驰，既二千余年矣，而始有羡于彼等所等（得）之一，则循自然公例，取最短之途径以达之可也。乃曰吾必舍此捷径，以二千余年前之所诣为发足点，而奔轶绝尘以迫之，则无论彼我速率之比较如何，苟是由是而彼我果有同等之一日，我等无益于世界之耗费，已非巧历所能计矣。不观日本之步趋欧化乎，彼固取最短之径者也。行之且五千年，未敢曰与欧人达同等之地位也。然则吾即取最短之径以往，犹惧不及，其又堪迂道焉？(《学风杂志发刊词》)

（四）

他主张欧化，而且主张急起直追的欧化。他也提到中印文化对于欧洲的影响（三六一面），也提到东西文化的媒合（四○二面），但他总"觉得返忆旧文明的兴会，不及欢迎新文明的浓至"（四○三面）。——蔡先生所谓"文明"似乎和"文化"同一意思。——他尤其倾慕法国的文化，因为法国没有"绅民阶级，政府万能，宗教万能等观念"（三七八面），而"科学界之大发明家，多属于法，德人则往往取法人所发明而更为精密之研究"，"法人科学程度，并不下于德人"（三七八面，三七九面）。

蔡先生信仰法国革命时代所标揭的自由、平等、博爱三大义（参看一九一面、三七三面），加上哲学、科学、美学，便见出他的一贯的思想。他说人生观必得有世界观作根据：

> 世界无涯涘也，而吾人乃于其中占有数尺之地位。世界无终始也，而吾人乃于其中占有数十年之寿命。世界之迁流如是其繁变也，而吾人乃于其中占有少许之历史。以吾人之一生较之世界，其大小久暂之相去既不可以数量计，而吾人一生又决不能有几微遁出于世界以外。则吾人非先有一世界观，决无所容喙于人生观。（《世界观与人生观》）

有本体世界，有现象世界。本体世界是世界的本性或本质，是哲学或玄学研究的对象。现象世界是我们感觉的世界。现象世界"最后之大鹄的"是"合世界之各份子息息相关，无复有彼此之差别"（三八至三九面）。但这个大鹄的须渐渐达成，大地的进化史便显示着向这个大鹄的的路：

> 统大地之进化史而观之，无机物之各质点，自自然引力外，殆无特别相互之关系。进而为有机之植物，则能以质点集合之机关共同操作，以行其延年传种之作用。进而

为动物，则又于同种类间为亲子朋友之关系，而其分职通功之例视植物为繁。及进而为人类，则由家庭而宗族，而社会，而国家，而国际，其互相关系之形式既日趋于博大，而成绩所留，随举一端，皆有自阂而通，自别而同之趋势。……昔之同情，及最近者而止耳。……今则四海兄弟之观念为人类所公认。……夫已往之世界，经其各分子经营而进步者其成绩固已如此，过此以往，不亦可比例而知之软？（同上）

那个大鹄的便是大同主义，进化史便是大同主义的发展。蔡先生的大同的理想，来源不止一个，"博爱"的信念无疑地给了他很大的影响。他曾引孔子的话"圣人以天下为一家，中国为一人"，子夏的话"四海之内皆兄弟"，张载的话"民吾同胞"，以为"尤与法人所唱之博爱主义相结合（三七四至三七五面），可以为证。

蔡先生既从进化史里看出"人类之义务，为群伦不为小己"，他又看出人类之义务，"为将来不为现在"（四二面）：

自进化史考之，……人满之患虽自昔借为口实，而自昔探险新地者率生于好奇心，而非为饥寒所迫。南北极苦寒之所，未必于吾侪生活有直接利用之资料，而冒险探极者踵相接。由椎轮而大辂，由桴槎而方舟，足以济不通矣，乃必进而为汽车（即火车）汽船及自动车（即汽车）

之属。近则飞机飞艇更为竞争之的。其构造之初必有若干之试验者供其牺牲，而初不以及身之不及利用而生悔。文学家美术家最高尚之著作，被崇拜者或在死后，而初不以及身之不得信用而辍业。用以知：为将来而牺牲现在者，又人类之通性也。（同上）

他又看出人类之义务"为精神之愉快，而非为体魄之享受"（四二面）：

> 人生之初，耕田而食，凿井而饮，谋生之事至为繁重，无暇为高尚之思想。自机械发明，交通迅速，资生之具日趋于便利。循是以往，必有菽粟如水火之一日，使人类不复为口腹所累，而得专致力于精神之修养。今虽尚非其时，而纯理之科学，高尚之美术，笃嗜者固已有甚于饥渴，是即他日普及之征兆也。科学者，所以祛现象世界之障碍，而引致于光明。美术者，所以写本体世界之现象，而提醒其觉性。人类精神之趋向既毗于是，则其所达到之点，盖可知矣。（同上）

美术虽用现象世界作材料，但能使人超越利害的兴趣，对于现象世界无厌弃也无执着，只有浑然的美感。这就是"与造物为友"，这就接触到本体世界了（参看一九八面、二七三面）。所谓"写本体世界之现象而提醒其觉性"，便是这番意思。

（五）

蔡先生提倡哲学、科学、美术，便因"为将来""为精神之愉快"是人类之义务。他以为哲学、科学、美术的研究是大学的责任。但这种研究得超越利害的兴趣才成。他说"大学为纯粹研究学问之机关，不可视为养成资格之所，亦不可视为贩卖知识之所。学者当有研究学问之兴趣，尤当养成学问家之人格"（二九六面），要做到这地步，首先得破除专己守残的陋见：

> 吾国学子，承举子文人之旧习，虽有少数高才生知以科学为单纯之目的，而大多数或以学校为科举，但能教室听讲，年考及格，有取得毕业证书之资格，则他无所求。或以学校为书院，暖暖姝姝，守一先生之言而排斥其他。于是治文学者，恒蔑视科学，而不知近世文学全以科学为基础。治一国文学者，恒不肯兼涉他国。不知文学之进步，亦有资于比较。治自然科学者，局守一门，而不肯稍涉哲学；而不知哲学即科学之归宿，其中如自然哲学一部，尤为科学家所需要。治哲学者以能读古书为足用，不耐烦于科学之实验。而不知哲学之基础不外科学，即最超然之玄学，亦不能与科学全无关系。（《北京大学月刊发刊词》）

这是说大学要养成通才。要养成通才，还得有思想自由：

　　大学者，囊括大典，网罗众家之学府也。《礼记·中庸》曰："万物并育而不相害，道并行而不相悖"，足以形容之。如人身然，官体之有左右也，呼吸之有出入也，骨肉之有刚柔也，若相反而实相成。各国大学，哲学之唯心论与唯物论，文学美术之理想派与写实派，计学（经济学）之干涉论与放任论，伦理学之动机论与功利论，宇宙论之乐天观与厌世观，常樊然并峙于其中：此思想自由之通则，而大学之所以为大也。（同上）

　　还有，哲学科学美术"最完全不受他种社会之囿域，而合于世界主义"，所以研究这些，足以增进世界的文化（三六〇面）。

　　思想自由之外，蔡先生最注意的是信仰自由。民国初年，"论者往往有请定孔教为国教之议"（四五面）。蔡先生以为"孔子之说，教育耳，政治耳，道德耳。其所以不废古来近乎宗教之礼制者，特其从宜从俗之作用，非本意也"（四七面）。"而一宗教之中，可以包含多数国家之人民"，"国教亦不成名词"（四八面、四九面）。他说"各国宪法，均有信仰自由一条，所以解除宗教之束缚"（四七面）。信仰为什么该自由呢？

　　若夫信仰则属之吾心，与他人毫无影响，初无迁就之必要。昔之宗教本初民神话创造万物末日审判诸说，不合科学。在今日信者盖寡。而所谓与科学不相冲突之信仰，则不过玄学问题之一假定答语。不得此答语，则此问题终梗于吾心而不快。吾又穷思冥索而不得，则且于宗教哲学之中，择吾所最契合之答语，以相慰藉焉。孔之答语可也，耶之答语可也，其他无量数之宗教家哲学家之答语亦可也。信仰之为用如此。既为聊相慰藉之一假定答语，吾必取其与我最契合者，则吾之抉择有完全之自由，且亦不能限于现在少数之宗教。故曰，信仰期于自由也。(《在清华学校高等科演说词》)

蔡先生在另一处说："旧宗教之主义不足以博信仰。其所余者，祈祷之仪式，僧侣之酬应而已。而人之信仰心，乃渐移于哲学家之所主张"（四七面）。可以跟这一段话互证。他并且更进一步，主张"以美育代宗教"：

无论何等宗教，无不有扩张己教攻击异教之条件。……宗教之为累，一至于此，皆激刺感情之作用为之也。鉴激刺感情之弊，而专尚陶养感情之术，则莫如舍宗教而易以纯粹之美育。纯粹之美育，所以陶养吾人之感情，使有高尚纯洁之习惯，而使人我之见，利己损人之思念，以渐消沮者也，盖以美为普遍性，决无人我差别之见能参入其中。食物之入我口者，不能兼果他人之腹；衣服之在我身者，不能兼供他人之温；以其非普遍性也。美则不然。即如北京左近之西山，我游之，人亦游之，我无损于人，人亦无损于我也。"隔千里兮共明月"，我与人均不得而私之。中央公园之花石，农事试验场之水木，人人得而赏之。埃及之金字塔，希腊之神祠，罗马之剧场，瞻望赏叹者若干人，且历若干年而价值如故。各国之博物院，无不公开者，即私人收藏者之珍品，亦时供同志之赏览。各地方之音乐会演剧场，均以容多数人为快。所谓独乐乐不如与人乐乐，与寡乐乐不如与众乐乐，以齐宣王之惛，尚能承认之。美之为普遍性可知矣。且美之批评，虽间亦因人而异，然不曰是于我为美而曰是为美。是亦以普遍性为标准之一证也。美以普遍性之故，不复有人我之关系，遂亦不能有利害之关系。……则所以陶养性灵，使之日进于高尚者，固已足矣。又何取乎侈言阴骘，攻击异派之宗教，以刺激人心，而使之渐丧其纯粹之美感为耶？（《以美育代宗教说》）

蔡先生引孔子的"匹夫不可夺志"，孟子的"大丈夫者，富贵不能淫，贫贱不能移，威武不能屈"，说就是自由，古时候叫作"义"（一九一面），仁义礼智信的"义"便是这个（三一九面）。他又引这两句话说是坚忍（五二二面）。唯其坚忍，才能真自由。所以他又说："人之思想不缚于宗教，不牵于俗尚，而以良心为准，此真自由也。"各种自由都为了个性的发展（二五六面），但都有一定的程度。"自由者，就主观而言之也。然我欲自由，则亦当尊人之自由，故通于客观"（一九一面）。自由和放纵是不同的：

自由，美德也。若思想，若身体，若言论，若居处，若职业，若集会，无不有一自由之程度。若受外界之压制，而不及其度，则尽力以争之，虽流血亦所不顾，所谓"不自由，毋宁死"是也。然若过于其度，而有愧于己，有害于人，则不复为自由，而谓之放纵。放纵者，自由之敌也。(《自由与放纵》)

蔡先生虽然信仰进化论，却不提倡互竞而提倡互助：

从陆谟克、达尔文等发明生物进化论后，就演出两种主义：一是说生物的进化全恃互竞，弱的竞不过，就被淘汰了，凡是存的都是强的，所以世界上只有强权，没有公理。一是说生物的进化全恃互助，无论甚（怎）么强，要是孤立了没有不失败的。但看地底发见的大鸟大兽的骨，他们生存时何尝不强，但久已灭种了。无论甚（怎）么弱，要是合群互助，没有不能支持（的）。但看蜂蚁也算比较的弱极了，现在全世界都有这两种动物。可见生物进化，恃互助不恃强权。(《黑暗与光明的消长》)

他最佩服克罗巴金的《互助论》：

克氏集众说的大成，又加以自己历史的研究，于一千八百九十年公布动物的互助，于九十一年公布野蛮人的互助，九十二年公布未开化人的互助，九十四年公布中古时代自治都市之互助，九十六年公布新时代之互助，于一千九百零二年成书。于动物中，列举昆虫鸟兽等互助的证据。此后各章，从野蛮人到文明人，列举各种互助的证据。于最后一章，列举同盟罢工，公社，慈善事业，种种实例，较之其他进化学家所举"互竞"的实例更为繁密了。……克氏的互助主义，主张联合众弱，抵抗强权，叫强的永不能凌弱的。不但人与人如是，即国与国亦如是了。（《大战与哲学》）

承认"凡弱者亦有生存及发展之权利，与强者同，而且无论其为各人，为各民族，在生存期间，均有互助之义务"，就是人道主义（三七三面），也是蔡先生所提倡的。

（六）

蔡先生的政治思想和经济思想都跟互助主义联系着。他不大谈政治，但我们可以看出，他主张人道主义，反对帝国主义。他论第一次欧洲大战，以为"与帝国主义及人道主义之消长，有密切关系"，"使协约方面而胜利，则必主张人道主义而消灭军国主义，使世界永久和平"。他说："吾人既反对帝国主义，而渴望人道主义，则希望协约国之胜利也，又复何疑？"（五五面、五六面）协约国果然胜利了，他又说这是"武断主义消灭，平民主义发展"。"从美国独立，法国革命后，世界已增加了许多共和国。国民虽知道共和国的幸福，然野心的政治家，很嫌他不便。"大战中俄国已改为共和国了。大战停止，德国也要改共和国了。"这就是武断主义的末日，平民主义的新纪元了。"（八七至八八面）所谓"平民"的意思，便是"人人都是平等的"（二八二面）。平等只是破除阶级，"决非减灭个性"（二五三面）。说到破除阶级，就牵涉蔡先生的经济思想。他的理想的社会是"各尽所能，各取所需"。各文中常常提及（一七五面、一七九面、三八六面、四六六面）。

> 尽所能，便是工；不管他是劳力，是劳心，凡是有益于人类的生存、文化的进步的，都是。所需有两种：一是体魄上的需要，如衣食住等是；一是精神上的需要，如学术是。现在有一部分的人，完全不做工；有一部分的人，做了不正当的工。所以正当的工人不能不特别劳苦，延长他工作时间。而且除了正当的工人以外，都是靠着特殊的势力，把人类所需的，逾量攫取，逾量消耗。所以正当的工人，要取所需，常恐不足。就是体魄上的需要勉强得到了，精神上的需要，或者一点没有。这不是文化的大障碍么？我们要除去这个障碍，就要先来实行工学并进的生活。（《国外勤工俭学会与国内工学互助团》）

他感觉现在的经济组织不合理，"为了贫富不均，与财产权特别占有，不知牺牲了多少人的权利与生命"（四六六面）。

他主张人人做工，"人不是为生而工，是为工而生的"（一七〇面）。"劳工神圣！""此后的世界，全是劳工的世界"（一六八面、一六九面）。他所谓劳工，兼包用体力的和用脑力的（一六八面，并参看上引一节），所以工学并重。工而且学才是新生活：

> 要是有一个人肯日日做工，日日求学，便是一个新生活的人；有一个团体里面的人，都是日日做工，日日求学，便是一个新生活的团体；全世界的人都是日日做工，日日求学，那就是新生活的世界了。（《我的新生活观》）

蔡先生的思想系统，大概如此。他的教育主张便以这个系统为根据。他说：

> 教育有二大别：曰隶属于政治者，曰超轶乎政治者。专制时代（兼立宪而含专制性质者言之），教育家循政府之方针以标准教育，常为纯粹之隶属政治者。共和时代，教育家得立于人民之地位以定标准，乃得有超轶政治之教育。（《对于教育方针之意见》）

他将军国民主义、实利主义、德育主义列为隶属于政治之教育，世界观、美育列为超轶政治之教育，说这五者都是今日之教育所不可偏废的（一九八面）。他虽觉得今日之中国不能不采用军国民教育，原则上却并不以国家主义的军国民教育为然。他还反对绅士教育、宗教教育、资本家教育，而主张教育平等。教育平等，同时得兼顾个性的发展和群性的发展。

> 群性以国家为界，个性以国民为界，适于甲国者不必适于乙国。于是持军国民主义者，以军人为国民教育之标准。持贵族主义者，以绅士为标准。持教会主义者，以教义为标准。持实利主义者，以资本家为标准。个人所有者，为"民"权而非"人"权；教育家所行者，为"民权的"教育而非"人格的"教育。自人类智德进步，其群性渐溢乎国家以外，则有所谓世界主义若人道主义；其个性渐超乎国民以上而有所谓人权若人格。科学研究也，工农集会也，慈善事业之进行也，既皆为国际之组织，推之于一切事业将无乎不然。而个人思想之自由，则虽临之以君父，监之以帝天，囿之以各种社会之习惯，亦将无所畏葸而一切有以自申。盖群性与个性之发展相反而适以相成，是今日完全之人格，亦即新教育之标准也。持个人的无政府主义者，不顾群性，持极端的社会主义者，不顾个性。是为偏畸之说，言教育者其慎之。(《教育之对待的发展》)

蔡先生对于语言文字的意见，很有独到的地方，值得详细研究一番。现在却只想介绍他自己的一些话。关于白话与文言的竞争，他断定"白话派一定占优胜。但文言是否绝对的被排斥，尚是一个问题"。照他的观察，"将来应用文一定全用白话，但美术文或者有一部分仍用文言"（一五六面）。应用文他又称为实用文：

> 实用文又分两种：一种是说明的。譬如对于一样道理，我的见解与人不同，我就发表出来，好给大家知道。或者遇见一件事情，大家讨论讨论，求一个较好的办法。或者有一种道理，我已知道，别人还有不知道的，因用文章发表出来，如学校的讲义就是。一种是叙述的。譬如自然界及社会的现象，我已见到，他人还没有见到的，因用文章叙述出来，如科学的记述和一切记事的文章皆是。（《论国文的趋势及国文与外国语及科学之关系》）

应用文"只要明白与确实，不必加新的色彩，所以宜于白话"司马迁记古人的事，改用今字。译佛经的人，别创一种近似白话的文体。禅宗的语录全用白话，宋儒也如此。"可见记载与说明，应用白话，古人已经见到，将来的人自然更知道了"（一五六至一五七面）。

> 美术文大约可分为诗歌、小说、剧本三类。小说从元朝起多用白话。剧本，元时也有用白话的，现在新流行的白话剧，更不必说了。诗歌如《击壤集》等，古人也用白话，现在有几个人能做很好的白话诗，可以料到将来是统统可以用白话的。但是美术有兼重内容的，如图画、造像

等。也有专重形式的，如音乐、舞蹈、图画等。专重形式的美术，在乎支配均齐，节奏调适。旧式的五七言律诗与骈文，言调铿锵，合于调适的原则，对仗工整，合乎均齐的原则，在美术上不能说毫无价值。就是白话文盛行的时候，也许有特别传习的人。譬如我们现在通行的是楷书、行书，但是写八分的，写小篆的，写石鼓文或钟鼎文的，也未尝没有。将来文言的位置，也是这个样子。(《国文之将来》)

不过中学校或师范学校学生都是研究学问的，是将来到社会上做事的。"因研究学问的必要，社会生活上的必要"，他们的国文应以实用为主（一四六面）。蔡先生这一个意见是很切实的，但当时学生都爱创作，都将工夫费在美术文的尝试上，成为风气，他的话没有发生影响。直到现在，大家渐能看出中等学校学生不训练应用文写作，便不能适应实际的需要，风气已在转变。蔡先生的话值得我们仔细吟味，我们佩服他的先见之明。

蔡先生以为白话文是自然的进化：

文章的开始，必是语体。后来为要便于记诵，变作整齐的句读，抑扬的音韵，这就是文言了。古人没有印刷，抄写也苦繁重，不得不然。孔子说言之不文，不能行远，就是这个缘故。但是这种句调音调，是与人类审美的性情

255

相投的，所以愈演愈精，一直到六朝人骈文，算是登峰造极了。物极必反，有韩昌黎、柳柳州等提倡古文，这也算文学上一次革命，与欧洲的文艺中兴一样。看韩柳的传志，很看得出表示特性的眼光与手段，比东汉到唐初的碑文进步得多了。这一次进步，仿佛由图案画进为山水画实物画的样子，从前是拘定均齐节奏与颜色的映照，现在不拘此等，要按着实物实景来安排了。但是这种文体，传到宋元时代，又觉得与人类的性情不能适应。所以又有《水浒》《三国演义》等语体小说与演义。罗贯中的思想与所描写的模范人物，虽然不见得高妙，但把他所描的同陈承祚的原文或裴注所引的各书对照，觉得他的文体是显豁得多。把《水浒》同唐人的文言小说比较，那描写的技能，更显出大有进步。这仿佛西洋美术从古典主义进到写实主义的样子，绘影绘光，不像从前单写通式的习惯了。但是许多语体小说里面，要算《石头记》是第一部。……《石头记》是北京语，虽不能算是折中的语体，但是他在文学上的价值，是没有别的书比得上他。（《在国语讲习所的演说》）

蔡先生主张"折中的语体"，说现在通行的白话文就是这一体，这也就是吴稚晖先生所谓"近文的语"。蔡先生以为国语便该以此为标准，"决不能指定一种方言"（一六〇面）：

用哪一种语言作国语？有人主张用北京语。但北京也有许多土语，不是大多数通行的。有人主张用汉口话的（章太炎）。有主张用河南话的，说洛阳是全国的中心点。更有主张用南京话的，俗语有"兰青官话"的成语，"兰青"就是南京。也有主张用广东话的，说是广东话声音比较地多。但我们现在还没有一种方言比较表，可以指出那一地方的话确是占大多数，就不能武断用那一地方的。且标准地方最易起争执，即如北京是现在的首都，以地方论，比较的可占势力，但首都的话不能一定有国语的资格。德国的语言是以汉堡一带为准，柏林话算是土话。北京话没有入声，是必受大多数反对的。（同上）

　　后来政府公布以北平语为国语，但是通行的白话文还只是所谓"近文的语"，直到如今。

（七）

　　蔡先生在民国纪元前十年就已注意"文变"，他选了一个总集，就用这两个词作名字。序言道：

　　先儒有言，"文以载道"。道不变也，而见道之识，随世界之进化而屡变；则载道之言，与夫载道之言之法，皆不得不随之而变。……自唐以来，有所谓古文专集，繁矣。拔其尤而为纂录，评选之本，亦不鲜。自今日观之，其所

谓体格，所谓义法，纠缠束缚，徒便摹拟，而不适于发挥
新思想之用；其所载之道，亦不免有迂谬窒塞，贻读者以
麻木脑筋，风痹手足之效者焉。……不揣固陋，择当世名
士著译之文，汇为一册，而先哲所作于新义无忤者，亦间
录焉。读者寻其义而知世界风会之所趋，玩其文而知有曲
折如意应变有方之效用，以无为三家村夫子之头巾气所范
围，则选者之所厚望焉尔。

"新义"便是那"随世界之进化而屡变"的"见道之识"，
"曲折如意，应变有方"便是那随见道之识而变的"载道之言与
夫载道之言之法"。清末文体的变化从"新名词"起头。新事物
新知识输入了，带来了大批新词汇，就是所谓新名词。古文里
还可以不用这些新名词；用的大概只为了好奇。但是应用的文
言里便无法避免。从前应用的文言跟古文原没有多大差别，只
不打起调子，不做作情韵就是了。自从新名词夹杂到应用的文
言里以后，应用的文言跟古文的差别便一天大似一天。古文家
虽然疾首蹙额，只落得无可奈何。到了梁启超先生，提倡"新
文体"（详见他的《清代学术概论》），不但用新名词，还用新句
调。新文体风靡一时，古文反倒黯淡起来。梁先生的新文体，
"笔锋常带情感"（见同书），又多用典故。他的情感是奔放的，
跟古文里的蕴藉的情韵迥乎不同。因为情感奔放达意便不免有
粗疏的地方。而一般读者在古典的训练上下的工夫，也渐渐
不能像从前人那样深厚，对于那些典故，往往不免茫然。我们

所谓一般读者，是以中等学校毕业生为标准。本书所收的蔡先生的文言，都是应用的文言，也是新文体之一。但只重达意的清切，不带感情，又不大见典故，便更合用些。白话文兴起以来，古文的势力越见衰微，真可以说不绝如缕。应用的文言暂时还能生存，却都只以达意清切为主；这一体差不多成了文言的正宗。而本书的文言正是当行的样本。

本书正编里的文字大部分因事而作，自由发挥的极多。附录的《华工学校讲义》四十篇却可以说全是自由发挥的。因事而作的文字，贴切事情是第一着。如《就任北京大学校长演说词》，可说的话很多，所谓千头万绪。但蔡先生只举出三件事告学生：一曰抱定宗旨，二曰砥砺德行，三曰敬爱师友。又举出所计划的两件事：一曰改良讲义，二曰添购书籍。这些都针对着当时北京大学的缺点说话，虽然并不冠冕堂皇，却切实有重量。但如《勤工俭学传序》，原传各自成篇，一一地贴着说，便不能成为一篇序。于是只可先行概论勤工俭学，次说勤工俭学会，最后说到传。作传的用意本在鼓起勤工俭学的兴会，先从概论入手，也还是贴切的。不过说到传的部分就不能再作概括语。原文道：

> 其（李石曾先生）所演述，又不仅据事直书，而且于心迹醇疵之间，观察异同之点，悉之（？）以至新至正之宗旨，疏通而证明之，使勤工俭学之本义，昭然揭日月而行，而不致有歧途之误，意至善也。

这便贴切各篇，跟前面的概论部分相调剂相匀称了。接着道，"余既读其所述樊克林、敷来尔、卢梭诸传，甚赞同之，因以所见述勤工俭学会之缘起及其主义，以为之序。"勤工俭学会是枢纽，概论部分是它的缘起和主义，并非泛泛落笔，传的部分是它的例证或模范人物。这样，全篇便都贴切事情了。

贴切事情的另一面是要言不烦，得扼要，才真贴切。还就上引两例看。第一例"抱定宗旨"项下道："外人每指摘本校之腐败，以求学于此者，皆有做官发财思想。故毕业预科者，多入法科，入文科者甚少，入理科者尤少。盖以法科为干禄之终南捷径也。"全节只就这一义发挥下去。"砥砺德行"项下道，"为诸君计，莫如以正当之娱乐，易不正当之娱乐，庶于道德无亏，而于身体有益"，指给学生砥砺德行的一条积极的路。第二例论勤工的"勤"和俭学的"俭"道：

> 现今社会之通工易事，乃以工人之工作，取得普遍之价值，而后以之购吾之所需。两者之间，往往不能得平均之度；于是以吾工之所得，易一切之需要，常惴惴然恐其不足焉。吾人于是济之以勤。勤焉（也）者，冀吾工之所得，倍蓰于普通，而始有余力以求学也。俭勤之度终有际限，而学之需要或相引而日增，则其道又穷。吾人于是又济之以俭。俭焉（也）者，得由两方而实行之。一则于吾人之日用，务撙节其不甚要者，使有以应用于学而不匮。……一则于学问之途，用其费省而事举者。……

这种勤俭是有特殊性的，跟一般的勤俭不尽同。第一例里的"抱定宗旨""砥砺德行"也是有特殊性的，而"抱定宗旨"一项尤其如此。指出事情的特殊性，而不人云亦云，是扼要；能扼要，贴切才算到家，贴切是纲，扼要是目。

得体是贴切的另一目。得体是恰合分际的意思。一方面得恰合说话人或作者的身份，一方面得恰合话中人或文中人的身份，一方面也得恰合听话人或读者的身份。不亢不卑，不骄不谄，称赞人得给自己留地步，责备人得给人家留地步，这才成。如《北京大学授与班乐卫氏等名誉学位礼开会辞》第二段道：

北京大学第一次授与学位，而受者为班乐卫先生，可为特别纪念者有两点：第一，大学宗旨，凡治哲学文学及应用科学者，都要从纯粹科学入手。治纯粹科学者，都要从数学入手。所以各系次序，列数学为第一系。班乐卫先生为世界数学大家，可以代表此义。第二，……北京大学既设在中国，于世界学者共通研究之对象外，对于中国特有之对象，尤负特别责任。班乐卫先生最提倡中国学问的研究，又可以代表此义。

第一点，"凡治哲学文学及应用科学者，'都'要从纯粹科学入手"不一定是普遍的真理，但"大学宗旨"不妨如此。从此落到班乐卫氏身上，便很自然。一方面提出"大学宗旨"，也见出大学校长的身份。第二点不但给自己占身份，同时更给北京大学和中国占身份。又如《法政学报周年纪念会演说辞》第二段道：

> 兄弟将贵报第一期翻阅，见刘先生及高先生的发刊词，都是对于社会上看不起法政学生发出一番感慨。社会上所以看不起法政学生，也有缘故的。但观一年来的《法政学报》，也可以去从前的病根了。

接着两段都说社会上看不起法政学生的缘故，又接着一段说他自己"两年前到北京的时候，还受了外来的刺激，对于法政学生，还没有看得起他"。他说他"当时对法科学生，已经揭穿这个话了"。话到这里才拐弯，下一段便道："后来兄弟读了贵报的发刊词，见得怎么的痛心疾首（？），才晓得诸君的一番自觉。兄弟以为这就是可以一洗从前法政学生的污点了。……法政学生能出学报，就是把从前的病根都除去了。社会上看不起法政学生是当时的事实，蔡先生看不起法科学生的话是"两年前"的事实（参看前引《就任北京大学校长演说词》，那儿他只说"外人每指摘"云云，为的是顾到学生的身份）。他不愿抹杀一般事实，更不愿抹杀自己的话。好在《法政学报》的发刊词里曾经提到那一般的事实，他就索性发挥一下。但他既肯参加这纪念会，这会多少总有些意义的。意义便在"法政学生能办学报"这一点上。他指出法政学生确有这些那些污点或病根，可只是"从前"如此。只"从前"一个词便轻轻地将种种的污点或病根开脱了，给他自己、法政学生和听众，都留下了地步，占住了身份。

又如《致公言报并答林琴南君函》里道：

> 公所举"斥父母为自感情欲，于己无恩"，谓随园文中有之。弟则忆《后汉书·孔融传》，路粹枉状奏融有曰："前与白衣祢衡跌荡放言云，父之于子，当有何亲？论其本意，实为情欲发耳。子之于母，亦复奚为？譬如寄物瓶中，出则离矣。"孔融、祢衡并不以是损其声价，而路粹则何如者？且公能指出谁何教员，曾于何书何杂志，述路粹或随园之语，而表其极端赞成之意者？

林氏只知父母于己无恩一说见于袁枚文中，不知早已见于《后汉书》。蔡先生引《孔融传》，见出林氏的陋处。北大教员并无"述路粹或随园之语，而表其极端赞成之意者"，而林氏云云。蔡先生引路粹枉奏孔融、祢衡的话，说"孔融、祢衡并不以是损其声价，而路粹则何如者？"路粹诬人，林氏也诬人，诬人的只是自损声价罢了。这两层都是锋利的讽刺，但能出以婉约，便保存着彼此的身份。

又如《燕京大学男女两校联欢会的演说》首段道：

> 今日我承司徒校长招与男女两校联欢会。我知道这个

会是为要实行男女同校的预备。我得参与，甚为荣幸，甚为感谢。但秩序单上却派我作北京男校的代表。我要说句笑话，我似乎不好承认。为什么呢？因为我有几个关系的学校，都不是专收男生的。……这几个学校，可以叫作男校么？

第二段说"大学本来没有女禁"。末段却道：

> 所以我的本意，似乎不必有男校女校的分别。但燕京大学，历史的演进，校舍的限制，当然男女分校，就是北京的学校，事实上大都是男女分校的。况且今日代表北京女校的毛夫人，已经演说过了。我的不肯承认男校代表，只好算一句笑话。我现在仍遵司徒校长之命，代表北京男校敬致祝贺之意。

用了"一句笑话""历史""事实"等等，既表明了自己主张，又遵了主人的命，人我兼顾，可以说是"曲折如意应变有方"的辞令。

（八）

作文或演说一般都以受过中等教育的人为对象。有时候对象是教育程度较低的人，便得降低标准，向浅近处说去。这件事并不易，得特别注意选用那些简明的词汇和句调，才能普及。本书里如《黑暗与光明的消长》《洪水与猛兽》《劳工神圣》《北京大学校役夜班开学式演说》《平民夜校开学日的演说》《我的新生活观》等篇，词汇和句式都特别简明，大约都是为了普及一般民众的。其中只有第三篇是文言，别的都是白话。一般地说，白话比较文言容易普及些；但许多白话文，许多演说，一般民众还不能看懂听懂，也是事实，所以也需要特别注意。这几篇里，《劳工神圣》影响最大，许多种中学国文教科书里都选录。读者将这几篇跟那些篇仔细比较，可以知道普及一般民众的文字或演说怎样下手。《华工学校讲义》四十篇是给华工读的，也该是普及的文字；但因为是讲义，有人教，所以普及之中兼有提高作用。各文中常常引证经史，便是为此。讲义里，德育三十篇以公德为主，智育十篇其实关系美育的居大多数，这两者可以说原是欧化。蔡先生却引证经史，一方面是沟通中西文化，使华工感觉亲切些，也使他们不至于忘本，另一方面是使他们接触些古典，可以将文字的修养提高些。

这四十篇可以算是自由发挥的文字，跟《世界观与人生观》《哲学与科学》《大战与哲学》《美术的起源》《教育之对待的发展》《文明之消化》等篇相同。这种自由发挥的文字，得特别注意层次或条理。语言文字都得注意层次或条理，但如那些因事而作的文字，有"事"管着，层次或条理似乎容易安排些，不至于乱到那儿去。这种自由发挥的文字，自由较多，便容易有泛滥无归，轻重倒置，以及琐碎纷歧等毛病——长篇尤其如此。所以得特别注意。本书文字，可以说都没有这些毛病。在自由发挥的一类中，如《世界观与人生观》《哲学与科学》《美术的起源》（最长）等篇，题材都很复杂，而蔡先生说来却头头是道。——因事而作的一类中，层次谨严或条理完密的更多。——这就见出他分析的力量。他的分析的力量又表现在分辨意义上。《华工学校讲义》德育类，从《文明与奢侈》直到最末的《有恒与保守》止，共十六篇，差不多每篇都在分辨两个相似而不同的，容易混淆的词的意义。——《理信与迷信》也是分析"信"这个词的意义的，只有《尚洁与太洁》是例外。有些词的意义的分辨，影响人的信念和行为很大——特别是那些抽象名词——从这十几篇里可见。一方面分析词义也是一种不可少的文字的训练，可以增进了解和写作的确切。这四十篇讲义都是蔡先生本人精心结撰的，中学生为了学习文言，该先细读了这些，再读别的。

本书各文虽然常有引证的地方，而作为技巧的典故，用的却极少。比喻是用的，如《黑暗与光明的消长》《洪水与猛兽》等题目，以及《教育之对待的发展》和《坚忍与顽固》（《华工学校讲义》）的头一段等，可是也少。蔡先生的文字原只注重达意的清切，少用典故，少用比喻，都是为了清切。比喻有时也可以帮助传达那些不经常的意思，可还是表示情感的作用大。梁启超先生的新文体，用比喻就很多，"笔锋常带情感"，这是一个因子。本书《教育之对待的发展》头一段道：

　　　　吾人所处之世界，对待的世界也。磁电之流，有阳极则必有阴极，植物之生，上发枝叶，则下茁根荄：非对待的发展乎？初民数学之知识，自一至五而已；及其进步，自五而积之，以至于无穷大；抑亦自一而折之，以至于无穷小：非对待的发展乎？古人所观察之物象，上有日月星辰，下有动植水土而已；及其进步，则大之若日局之组织，恒星之光质，小之若微生物之活动，原子电子之配置，皆能推测而记录之：非对待的发展乎？

　　第二段第一句接着道，"教育之发展也亦繁"。三排比喻跟着复沓的三个诘问句都为的增强"吾人所处之世界，对待的世界也"一句话的力量。接连抛掷三层排语，逼得人不能不信这句话。这种比喻的作用在表示信念，表示情感。这种作风显然是梁先生新文体的影响。但本书这种例子极少。蔡先生用比喻，还是帮助达意的较多。如《对于教育方针之意见》里有一段道：

　　　　譬之人身：军国民主义，筋肉也，用以自卫；实利主义，胃肠也，用以营养；公民道德者，呼吸机循环机也，周贯全体；美育者，神经系也，所以传导；世界观者，心理作用也，附丽于神经系，而无迹象之可求。此即五者不可偏废之理也。（参看前引《北京大学月刊发刊词》）

　　这五者相关的情形是不经常的理，必得用一些具体的比喻表明，才可以想象得之。这种比喻是为了增加知识，不是为了增强情感，跟上一例的分别，细心人不难看出。蔡先生的文字既不大用典，又不大用比喻，只求朴实简明，我们可以套用吴稚晖先生的调子，说是"近语的文"。近语的文，或文求近语，便是现在文言的趋势。

本书各篇偶有不熟练的词句——以白话文里为多，上引各条中有些括弧问号和括弧字，可见一斑。此外如，"应用文，不过记载与说明两种作用。前的是要把……后的是要把……"（一五六面），两"的"字该是"者"字。又，"近来有人对于第三位代名词，一定要分别，有用她字的，有用伊字的。但是觉得这种分别的是没有必要"（一六三面）。末句"的"移到句末，便合文法了。又，"甚至有写封信还要请人去写"（二八二面）。或删"有"字，或改"有"字为"于"字，或在句末加"的"字。文言如"以后处世，即使毫无权利，则义务亦在所应尽"（四一六面）。"则"字宜删去。别的还有些，读者可以自己留心去分辨这些地方大概是拟稿人或记录人的责任，蔡先生复阅的时候大概也看漏了。白话文错误的地方较多，该是因为那时期白话文刚在发展，一般人还读得少，写得少的缘故。

《胡适文选》指导大概

（一）

本书是三集《胡适文存》的选本，选者是胡先生自己。上海亚东图书馆印行，民国十九年十二月初版，二十二年二月三版。本篇便根据三版的本子。本书后方极少见，究竟已经出到几版，现在还不能查出。这部选本是特意预备给少年人读的，胡先生自己说得明白：

> 我在这十年之中，出版了三集《胡适文存》，约计有一百四五十万字。我希望少年学生能读我的书，故用报纸印刷，要使定价不贵。但现在三集的书价已在七元以上，贫寒的中学生已无力全买了。字数近百五十万，也不是中学生能全读的了。所以我现在从这三集里选出了二十二篇论文，印作一册，预备给国内的少年朋友们作一种课外读物。如有学校教师愿意选我的文字作课本的，我也希望他

们用这个选本。(《介绍我自己的思想》，一面）

这个选本里二十二篇论文代表胡先生各方面的思想。他顾念少年学生的财力和精力，苦心地从三集文存里选出了这二十二篇足以代表他的各方面的思想的论文，成为这部文选，给少年学生作课外读物，并希望学校教师选他的文字作课本的也用这个足以代表他的思想的选本。预备给少年学生读的书虽然不算少，好的却不多。本书是一部值得读的好书。现在我们介绍给高中学生，作为略读的书。书中论文，除第五组各篇有些也许略略深些之外，都合于高中学生的程度，相信他们读了可以得着益处。全书约二十二万字。

胡先生名适，号适之，安徽省绩溪县人，今年五十岁。他是美国哥伦比亚大学哲学博士，大思想家杜威先生的学生。回国后任国立北京大学教授多年，先后办《新青年》杂志、《每周评论》、《努力周报》、《独立评论》等。现任驻美大使。他有一本《四十自述》(原由新月书店出版，版权现归商务)，是一本很有趣味的自传，可惜没有写完就打住。他的著作很多，这里只想举出一部分重要的，高中学生可以看懂的。《胡适文存》、《胡适文存》二集、《胡适文存》三集(亚东版)，包括各方面的论文，是本书的源头。《中国古代哲学史》(原名《中国哲学史大纲》，上卷，商务)是第一部用西洋哲学作"比较的研究"（参看三三二至三三四面）而写成的中国哲学史。《白话文学史》上卷(新月版，现归商务)是第一部专叙近于白话的文学的中国文学史。《尝试集》是第一部白话诗集。这些都可以说是划时代的著作，影响非常广大。还有他翻译的《短篇小说》(亚东版)，也有广大的读众；差不多每种国文教科书都选了的《最后一课》和《二渔夫》，便出在这个译本里。

胡先生是新文化运动的领袖之一。新青年时代他的影响最大。文学革命，他可以说是主帅。他的《文学改良刍议》(《文存》)实在是文学革命的第一声号角。在那篇论文里，他提出了他的"八不主义"(参看一九三至一九四面，又二三五至二三六面)，是单从消极的破坏的一方面下手(一九三面)。后来又作《建设的文学革命论》(见本书)。但"这篇文章名为'建设的'，其实还是破坏的方面最有力"(二八七面)。胡先生说过："文学革命的运动，不论古今中外，大概都是从'文的形式'一方面下手，大概都是先要求语言文字文体等方面的大解放。……这一次中国文学的革命运动，也是先要求语言文字和文体的解放。"(《谈新诗》第二段,《文存》)解放正是消极的破坏的工作。胡先生的大成功就在他的破坏的工作达到了那解放的目的。胡先生又是思想革命的一员大将。他用评判的态度"重新估定一切的价值"(五七面)；他拥护科学，提倡健全的个人主义，颂扬西洋的近代文明(参看《介绍我自己的思想》第二段、第三段)。这里建设的比破坏的多。可是他的最大的建设的工作还在整理国故上。《中国古代哲学史》《白话文学史》，以及许多篇旧小说的考证，都是"用评判的态度，科学的精神，去做一番整理国故的工夫"(六七面)。这些对于旧有的学术思想给了一道新的光。胡先生"认定民国六年以后的新文化运动的目的是再造中国文明"（《介绍我自己的思想》，四面，参看正文六八面），以上种种便是他对于再造文明的贡献。但是他从办《努力周报》起，实际政治的兴趣渐渐浓厚。那时他的朋友有反对他的，有赞成他的。他曾经写过一篇《我的歧路》（《文存》二集），说明他的政治的兴趣不致妨碍他在学术思想方面的工作。不过《努力周报》还附刊《读书杂志》《独立评论》却差不多是纯粹政治性的刊物，他显然偏向那一条路了。现在做了驻美大使，简直是在那一条路上了。他在文学革命和整理国故方面的功绩，可以说已经是不朽的；对于实际政治的贡献，目前还难于定论。

（二）

本书开端是《介绍我自己的思想》，胡先生专给本书写的。他说：

> 我选的这二十二篇文字，可以分作五组。
> 第一组六篇，泛论思想的方法。
> 第二组三篇，论人生观。
> 第三组三篇，论中西文化。
> 第四组六篇，代表我对于中国文学的见解。
> 第五组四篇，代表我对于整理国故问题的态度与
> 方法。

为读者的便利起见，我现在给每一组作一个简短的提要，使我的少年朋友们容易明白我的思想的路径。（一至二面）

读本书的自然该从这一篇入手。胡先生在第一段里道：

　　我的思想受两个人的影响最大：一个是赫胥黎，一个是杜威先生。赫胥黎教我怎样怀疑，教我不信任一切没有充分证据的东西。杜威先生教我怎样思想，教我处处顾到当前的问题，教我把一切学说理想都看作待证的假设，教我处处顾到思想的结果。这两个人使我明了科学方法的性质与功用。（三面）

　　科学方法是胡先生的根本的思想方法；他用科学方法评判旧有的种种思想学术以及东西文化，"重新估定一切的价值"。结果便是他的文存、哲学史、文学史等。他创作白话诗，也是一种实验，也是"科学的精神"，这是他的"文学的实验主义"（正文二三二面）。他又说作诗也得根据经验，这是他的"诗的经验主义"（见《尝试集》里《梦与诗》的跋语）。在他，科学的精神真可以算得"一以贯之"。他编选这部书的用意，在篇尾说得很明白：

　　从前禅宗和尚曾说，"菩提达摩东来，只要寻一个不受人惑的人"。我这里千言万语，也只是要教人一个不受人惑的方法。被孔丘、朱熹牵着鼻子走，固然不算高明；被马克思、列宁、斯大林牵着鼻子走，也算不得好汉。我自己决不想牵着谁的鼻子走。我只希望尽我微薄的能力，教我的少年朋友们学一点防身的本领，努力做一个不受人惑的人。

这个"不受人惑的方法"便是科学的方法，也便是赫胥黎和杜威先生所教人的。

赫胥黎教人怎样怀疑。怀疑是评判的入手处。胡先生在《新思潮的意义》里的态度含有几种特别的要求：

一、对于习俗相传下来的制度风俗，要问："这种制度现在还有存在的价值吗？"

二、对于古代遗传下来的圣贤教讲，要问："这句话在今日还是不错吗？"

三、对于社会上糊涂公认的行为与信仰，都要问："大家公认的，就不会错了吗？人家这样做，我也该这样做吗？难道没有别样做法比这个更好，更有理，更有益的吗？"（五七面）

这是怀疑，这是"不信任一切没有充分证据的东西"。存疑和怀疑不同，但"不信任一切没有充分证据的东西"的态度是从赫胥黎的存疑主义来的。胡先生道：

> 达尔文与赫胥黎在哲学方法上最重要的贡献，在于他们的"存疑主义"。存疑主义这个名词，是赫胥黎造出来的，直译为"不知主义"。孔丘说，"知之为知之，不知为不知，是知也"。这话确是存疑主义的一个好解说。但近代的科学家还要进一步，他们要问，"怎样的知，才可以算是无疑的知？"赫胥黎说，只有那证据充分的知识，方才可以信仰，凡没有充分证据的，只可存疑，不当信仰。这是存疑主义的主脑。（《演化论与存疑主义》，七面）

又道：

> 赫胥黎是达尔文的作战先锋，从战场上的经验里认清了科学的唯一武器是证据，所以大声疾呼地把这个无敌的武器提出来，叫人认为思想解放和思想革命的唯一工具。自从这个"拿证据来"的喊声传出以后，世界的哲学思想就不能不起一个根本的革命——哲学方法上的大革命。于是十九世纪前半的哲学实证主义就一变而为十九世纪末年的实验主义了。（同上，一二面）

杜威先生教人怎样思想。胡先生在《杜威先生与中国》里特别指出：

　　杜威先生不曾给我们一些关于特别问题的特别主张——如共产主义，无政府主义，自由恋爱之类，他只给了我们一个哲学方法，使我们用这个方法去解决我们自己的特别问题。他的哲学方法，总名叫作"实验主义"。（一四面）

实验主义是存疑主义的影响所形成，它和存疑主义可以说是一贯的。杜威先生的实验主义分开来可作两步说：

　　一、历史的方法——"祖孙的方法"。他从来不把一个制度或学说看作一个孤立的东西，总把他看作一个中段：一头是他所以发生的原因，一头是他自己发生的效果；上头有他的祖父，下面有他的子孙。捉住了这两头，他再也逃不出去了！这个方法的应用，一方面是很忠厚宽恕的，因为他处处指出一个制度或学说所以发生的原因，指出他的历史的背景，故能了解他在历史上占的地位与价值，故不致有过分的苛责。一方面，这个方法又是最严厉的，最带有革命性质的，因为他处处拿一个学说或制度所发生的结果来评判他本身的价值，故最公平，又最厉害。这种方法是一切带有评判精神的运动的一个重要武器。

　　二、实验的方法。实验的方法至少注重三件事：（一）从具体的事实与境地下手；（二）一切学说理想，一切知识，都只是待证的假设，并非天经地义；（三）一切学说与理想都须用实行来试验过；实验是真理的唯一试金石。第一件——注意具体的境地——使我们免去许多无谓的假问题，省去许多无意义的争论。第二件——一切学理都看作假设——可以解放许多"古人的奴隶"。第三件——实验——可以稍稍限制那上天下地的妄想冥想。实验主义只承认那一点一滴做到的进步——步步有智慧的指导，步步有自动的实验——才是真进化。（一四至一六面）

胡先生指出"特别主张的应用是有限的，方法的应用是无穷的"（一六面）。

在《杜威论思想》里，胡先生说"杜威的哲学基本观念是：'知识思想是人生应付环境的工具'"。"杜威哲学的最大目的，只是怎样能使人类养成那种'创造的智慧'，使人应付种种环境充分满意。换句话说，杜威的哲学的最大目的是怎样能使人有创造的思想力。"（一九面）"杜威所指的思想……有两大特性。（一）须先有一种疑惑困难的情境做起点。（二）须有寻思搜索的作用，要寻出新事物或新知识来解决这种疑惑困难。"（二〇面）"杜威论思想，分作五步说：（一）疑难的境地；（二）指定疑难之点究竟在什么地方；（三）假定种种解决疑难的方法，（四）把每种假定所涵的结果，一一想出来，看哪一个假定能够解决这个困难；（五）证实这种解决，使人信用，或证明这种解决的谬误，使人不信用。"（二一面）胡先生特别指出：

杜威一系的哲学家论思想的作用，最注意"假设"。试看上文所说的五步之中，最重要的就是第三步。……我们研究这第三步，应该知道这一步在临时思想的时候是不可强求的；是自然涌上来，如潮水一样，压制不住的；他若不来时，随你怎样搔头抓耳，挖尽心血，都不中用。……所以思想训练的着手功夫在于使人有许多活的学问知识。活的学问知识的最大来源在于人生有意识的活动。使（从）活动事业得来的经验，是真实可靠的学问知识。这种有意识的活动，不但能增加我们假设意思的来源，还可训练我们时时刻刻拿当前的问题来限制假设的范围，不至于上天下地地胡思乱想。还有一层，人生实际的事业，处处是实用，处处用效果来证实理论，可以养成我们用效果来评判假设的能力，可以养成我们实验的态度。养成了实验的习惯，每起一个假设，自然会推想到他所涵的效果，自然会用这种推想出来的效果来评判原有的假设的价值。这才是思想训练的效果，这才是思想能力的养成。（二八至二九面）

"创造的智慧""创造的思想力"主要的得靠"活的学问知识"养成。所以胡先生自己虽然只将赫胥黎、杜威的方法应用在文学革命和整理国故等等上，但他看见一班少年人跟着他向故纸堆去乱钻，却以为"是最可悲叹的现状"。他"希望他们及早回头多学一点自然科学的知识与技术"。他说"那条路是活路，这条故纸的路是死路"（四八九面）。自然科学的知识是"活的学问知识"；从自然界的实物下手，可以造成科学文明，工业世界（参看四八七面）。这便是胡先生所希望再造的文明。

（三）

胡先生的科学的精神是一贯的。他所信仰的新人生观（包括宇宙观）便是"建筑在二三百年的科学常识之上的一个大假设"（九四面）。他总括吴稚晖先生的"一个新信仰的宇宙观及人生观"（在《科学与人生观》里）的大意，加上一点扩充和补充，提出了这个新人生观的轮廓：

一、根据于天文学和物理学的知识，叫人知道空间的无穷之大。

二、根据于地质学及古生物学的知识，叫人知道时间的无穷之长。

三、根据于一切科学，叫人知道宇宙及其中万物的运行变迁皆是自然的，自己如此的——正用不着什么超自然的主宰或造物者。

四、根据于生物的科学的知识，叫人知道生物界的生存竞争的浪费与惨酷——因此，叫人更可以明白那"有好生之德"的主宰的假设是不能成立的。

五、根据于生物学、生理学、心理学的知识，叫人知道人不过是动物的一种，他和别种动物只有程度的差异，并无种类的区别。

六、根据于生物的科学及人类学、人种学、社会学的知识，叫人知道生物及人类社会演进的历史和演进的原因。

七、根据于生物的及心理的科学，叫人知道一切心理的现象都是有因的。

八、根据于生物学及社会学的知识，叫人知道道德礼教是变迁的，而变迁的原因都是可以用科学方法寻求出来的。

九、根据于新的物理化学的知识，叫人知道物质不是死的，是活的；不是静的，是动的。

十、根据于生物学及社会学的知识，叫人知道个人——"小我"——是要死灭的，而人类——"大我"——是不死的，不朽的；叫人知道"为全种万世而生活"就是宗教，就是最高的宗教；而那些替个人谋死后的"天堂""净土"的宗教，乃是自私自利的宗教。（《科学与人生观序》，九二至九四面）

这种新人生观原可以算得"科学的人生观"，但胡先生"为避免无谓的争论起见"，主张叫他作"自然主义的人生观"。"在那个自然主义的宇宙里，在那无穷之大的空间里，在那无穷之长的时间里，这个平均高五尺六寸，上寿不过百年的两手动物——人——真是一个藐乎其小的微生物了。"然而"这个渺小的两手动物却也有他的相当的地位和相当的价值。他用两手和一个大脑，居然能做出许多器具，想出许多方法，造成一点文化。"（九四面）"这个自然主义的人生观里，未尝没有美，未尝没有诗意，未尝没有道德的责任，未尝没有充分运用'创造的智慧'的机会。"（九五面）

胡先生虽然说小我是要死灭的，"但个人自有他的不死不灭的部分：他的一切作为，一切功德罪恶，一切语言行事，无论大小，无论善恶，无论是非，都在那大我上留下不能磨灭的结果和影响"。"我们应该说，'说一句话而不敢忘这句话的社会影响，走一步路而不敢忘这步路的社会影响。'这才是对于大我负责任。能如此做，便是道德，便是宗教。"（《介绍我自己的思想》，一一至一二面，参看《不朽》）"这样说法，并不是推崇社会而抹杀个人。这正是极力抬高个人的重要。个人虽渺小，而他的一言一动都在社会上留下不朽的痕迹……这不是绝对承认个人的重要吗？"懂得个人的重要，才懂得胡先生在《易卜生主义》里所提倡的"一个健全的个人主义的人生观"（《介绍我自己的思想》，八面）。这和自然主义的人生观并不相反而相成。那文中引易卜生给他的朋友白兰戴的信道：

> 我所最期望于你的是一种真实纯粹的为我主义。要使你有时觉得天下只有关于我的事最要紧，其余的都算不得什么。……你要想有益于社会，最好的法子莫如把你自己这块材料铸造成器。……有的时候我真觉得全世界都像海

上撞沉了船，最要紧的还是救出自己。

胡先生说："这便是最健全的个人主义。救出自己的唯一法子便是把你自己这块材料铸造成器。把自己铸造成器，方才可以希望有益于社会。真实的为我，便是最有益的为人。把自己铸造成了自由独立的人格，你自然会不知足，不满意于现状，敢说老实话，敢攻击社会上的腐败情形，做一个'贫贱不能移，富贵不能淫，威武不能屈'的斯铎曼医生。"（《介绍我自己的思想》，九面）他又很带情感地指出：

> 这个个人主义的人生观一面教我们学娜拉，要努力把自己铸造成个人，一面教我们学斯铎曼医生，要特立独行，敢说老实话，敢向恶势力作战。少年的朋友们，不要笑这是十九世纪维多利亚的陈腐思想！我们去维多利亚时代还老远哩。欧洲有了十八九世纪的个人主义，造出了无数爱自由过于面包，爱真理过于生命的特立独行之士，方才有今日的文明世界。（同上，九至一○面）

这也是胡先生所希望再造的文明。

（四）

胡先生思想的间架大概如此。存疑主义和实验主义是他的方法论，自然主义和个人主义是他的人生观。但他不是空谈外来进口的偏向纸上的主义的人，他说主义应该和实行的方法合为一件事。他做到了他所说的。他指出：

> 凡"主义"都是应时势而起的。某种社会，到了某时代，受了某种的影响，呈现某种不满意的现状。于是有一些有心人，观察这种现象，想出某种救济的法子。这是主义的原起。主义初起时，大都是一种救时的具体主张。后来这种主张传播出去，传播的人要图简便，便用一二个字来代表这种具体的主张，所以叫他作"某某主义"。主张成了主义，便由具体的计划，变成一个抽象的名词，主义的弱点和危险，就在这里。因为世间没有一个抽象名词能把某人某派的具体主张都包括在里面。(《问题与主义》，三三至三四面)

他曾在《每周评论》里说过，"现在舆论界的大危险，就是偏向纸上的学说，不去实地考察中国今日的社会需要究竟是什么东西"。又道："舆论家的第一天职，就是细心考察社会的实在情形。一切学理，一切主义，都是这种考察的工具。有了学理作参考材料，便可使我们容易懂得所考察的情形，容易明白某种情形有什么意义，应该用什么救济的方法。"(三一至三二面引)所以他劝人：

> 多研究些具体的问题，少谈些抽象的主义。一切主

义，一切学理，都该研究，但是只可认作一些假设的见解，不可认作天经地义的信条；只可认作参考印证的材料，不可奉为金科玉律的宗教；只可用作启发心思的工具，切不可用作蒙蔽聪明，停止思想的绝对真理。如此方才可以渐渐养成人类的创造的思想力，方才可以渐渐使人类有解决具体问题的能力，方才可以渐渐解放人类对于抽象名词的迷信。（《问题与主义》，五〇面）

在《新思潮的意义》里，胡先生曾说新思潮的手段有两项："一方面是讨论社会上、政治上、宗教上、文学上种种问题。一方面是介绍西洋的新思想、新学术、新文学、新信仰。前者是研究问题，后者是输入学理。"（五九面）但是"新思潮运动的最大成绩差不多全是研究问题的结果。新文学的运动便是一个最明白的例"。（六二面）而"从研究问题里面输入的学理，最容易消除平常人对于学理的抗拒力，最容易使人于不知不觉之中受学理的影响"。所以他希望新思潮的领袖人物"能把一切学理应用到我们自己的种种切要问题上去，能在研究问题上面做输入学理的功夫，能用研究问题的功夫来提倡研究问题的态度"。（六四面）他说"再造文明的下手工夫，是这个那个问题的研究。再造文明的进行，是这个那个问题的解决"。"文明不是笼统造成的，是一点一滴的造成的。进化不是一晚上笼统进化的，是一点一滴的进化的。"（六八面）

胡先生的贡献，大部分也在问题的研究上。文学革命是一些具体问题，整理国故也是一些具体问题，中西文化，问题与主义，都是一些具体问题。他讨论问题与主义，只因"当时（民国八年）承'五四''六三'之后，国内正倾向于空谈主义"（《介绍我自己的思想》，五面）。这问题"是与许多人有密切关系的"（六二面）。他讨论中西文化，也只为"今日最没有根据而又最有毒害的妖言是讥贬西洋文明为唯物的，而尊崇东方文明为精神的"（一三九面）。他说：

> 这本是很老的见解，在今日却有新兴的气象。从前东方民族受了西洋民族的压迫，往往用这种见解来解嘲，来安慰自己。近几年来，欧洲大战的影响使一部分的西洋人对于近世科学的文化起一种厌倦的反感，所以我们时时听见西洋学者有崇拜东方的精神文明的议论。这种议论，本来只是一时的病态的心理，却正投合东方民族的夸大狂；东方的旧势力就因此增加了不少的气焰。（《我们对于西洋近代文明的态度》，一三七面）

因此他觉得"不能没有一种鲜明的表示"（一三七面）。他研究的结果是这样：

> 东方的文明的最大特色是知足。西洋的近代文明的最大特色是不知足。
> 知足的东方人自安于简陋的生活，故不求物质享受的

提高；自安于愚昧，自安于"不识不知"，故不注意真理的发见与技艺器械的发明；自安于现成的环境与命运，故不想征服自然，只求乐天安命，不想改革制度，只图安分守己，不想革命，只做顺民。

这样受物质环境的拘束与支配，不能跳出来，不能运用人的心思智力来改造环境改良现状的文明，是懒惰不长进的民族的文明，是真正唯物的文明。这种文明只可以遏抑而绝不能满足人类精神上的要求。

西方人大不然。他们说"不知足是神圣的"。物质上的不知足产生了今日的钢铁世界，汽机世界，电力世界。理智上的不知足产生了今日的科学世界。社会政治制度上的不知足产生了今日的民权世界，自由政体，男女平权的社会，劳工神圣的喊声，社会主义的运动。神圣的不知足是一切革新一切进化的权力。

这样充分运用人的聪明智慧来寻求真理以解放人的心灵，来制服天行以供人用，来改造物质的环境，来改革社会政治的制度，来谋人类最大多数的最大幸福——这样的文明应该满足人类精神上的要求；这样的文明，是精神的文明，是真正理想主义的文明，绝不是唯物的文明。(同上，一五四至一五五面)

因此他说我们自己要认错，我们必须承认我们自己不如人。"肯认错了，方才肯死心塌地地学人家。"他说"不要怕模

仿，因为模仿是创造的必要预备功夫"（《介绍我自己的思想》，
一六面）。

（五）

胡先生的文学革命论的基本观念是"历史的文学进化观
念"（参看二二四面）。他有一篇《历史的文学观念论》（见《文
存》，本书未选）说得很详细：

居今日而言文学改良，当注重"历史的文学观念"。一
言以蔽之曰：一时代有一时代之文学。此时代与彼时代之
间，虽皆有承前启后之关系，而绝不容完全抄袭；其完全
抄袭者，绝不成为真文学。……纵观古今文学变迁之趋
势……白话之文学，自宋以来，虽见摒于古文家，而终一
线相承，至今不绝。……岂不以此为吾国文学趋势自然如
此，故不可禁遏而日以昌大耶？……吾辈之攻古文家，正
以其不明文学之趋势，而强欲作一千年二千年以上之文。
此说不破，则白话之文学无有列为文学正宗之一日，而世
之文人将犹鄙薄之，以为小道邪径而不肯以全力经营造作
之。……夫不以全副精神造文学而望文学之发生，此犹不
耕而求获，不食而求饱也，亦终不可得矣。施耐庵、曹雪
芹诸人所以能有成者，正赖其有特别毅力，能以全力为之
耳。（《文学革命运动》引，二八三至二八四面）

　　这里最重要的是将白话文学当作中国文学正宗（参看《文学改良刍议》,《文存》，又本书二八三面引）。这一点他在《建设的文学革命论》里说得更明白："自从三百篇到于今，中国的文学凡是有一些价值，有一些儿生命的，都是白话的，或是近于白话的。其余的都是没有生气的古董，都是博物院中的陈列品！"这确是一个划时代的看法，即使欠公平些。他说"死文言绝不能产出活文学"。"中国若想有活文学，必须用白话，必须用国语，必须做国语的文学"（一九七面）。

　　他在《尝试集自序》里道：

　　　　我们也知道单有白话未必就能造出新文学；我们也知道新文学必须要有新思想做里子。但是我们认定文学革命须有先后的程序：先要做到文学体裁的大解放，方可以用来做新思想新精神的运输品。我们认定白话实在有作文学的可能，实在是新文学的唯一利器。（《尝试集自序》，二三九面）

　　文学革命是得从"文学体裁的大解放"下手，真是一针见血。胡先生的大成功就在他能看出这个"先后的程序"。他和他的朋友们集中力量在这一步上，加上五四运动的影响，两三年间白话文的传播便已有一日千里之势（参看二九四至二九五面）。胡先生所谓"文学"，范围是很广的。他主张"用白话作各种文学"，说："我们有志造新文学的人，都该发誓不用文言作文：无论通信、作诗、译书、做笔记、做报馆文章、编学堂讲义、替死人作墓志、替活人上条陈……都该用白话来做。"（二〇四面）这里"文学"和"文"只是一个意义。"用白话作各种文学"也是解放文字体裁的工作。但是一节话中所举的"各种文学"，除作诗和译书外，其实都是应用的文字；这种种文字体裁的解放却远在诗、小说戏剧、小品散文以及长篇议论文之后，直到近年才开始。胡先生自己大体上倒在照他所主张的做着，但就一般社会而论，这部分文体的解放工作还须要努力才能完成。

文体的解放究竟只是破坏的工作。胡先生的文学革命论"其实还是破坏的方面最有力"（一八七面），他自己的评判没有错。但他的《建设的文学革命论》在"建设的"方面"也有一点贡献"：

> 若要造国语，先须造国语的文学。有了国语的文学，自然有国语。……真正有功效有势力的国语教科书，便是国语的文学，便是国语的小说、诗文、戏本。国语的小说、诗文、戏本通行之日，便是中国国语成立之时。试问我们今日居然能拿起笔来做几篇白话文章，居然能写得出好几百个白话的字，可是从什么白话教科书上学来的吗？可不是从《水浒传》《西游记》《红楼梦》《儒林外史》……等书学来的吗？……我们今日所用的"标准白话"都是这几部白话的文学定下来的。我们今日要想重新规定一种

"标准国语"，还须先造无数国语的《水浒传》《西游记》《儒林外史》《红楼梦》。

所以我以为我们提倡新文学的人，尽可不必问今日中国有无标准国语。我们尽可努力去做白话的文学。我们可尽量采用《水浒传》《西游记》《儒林外史》《红楼梦》的白话，有不合今日的用的，便不用他；有不够用的，便用今日的白话来补助，有不得不用文言的，便用文言来补助。这样做去，决不愁语言文字不够用，也决不用愁没有标准白话。中国将来的新文学用的白话，就是将来中国的标准国语。造中国将来白话文学的人，就是制定标准国语的人。（一九七至一九九面）

胡先生说：这篇文章把从前他和陈独秀先生的种种主张归纳到"国语的文学——文学的国语"十个字，"其实又只有'国语的文学'五个字。旗帜更明白了，进行也就更顺利了"。（二八八面）这话是不错的。他在破坏的解放文体的工作里安置了制造将来的标准国语的基石；这是建设的工作。

他首先指出"我们今日所用的标准白话"是怎样来的。在《文学革命运动》（这是《五十年来中国之文学》的末段，全文见《文存》二集）里他有更详细的说明：

这五百年之中，流行最广，势力最大，影响最深的书……乃是那几部"言之无文行之最远"的水浒、三国、西游、红楼。这些小说的流行便是白话的传播；多卖得一部小说，便添得一个白话教员。所以这几百年来，白话的知识与技术都传播得很远，超出平常所谓"官话疆域"之外。试看清朝末年南方作白话小说的人，如李伯元是常州人，吴沃尧是广东人，便可以想见白话传播之广远了。……中国国语的写定与传播两方面的大功臣，我们不能不公推这几部伟大的白话小说了（二八〇面）。这种"家喻户晓的水浒、西游文字"（二三三面）确是我们的新文学的基础，也是我们的标准国语的基础。但是一个时代的大文学家至多只能把那个时代的现成语言，结晶成文学的著作；他们只能把那个时代的语言的进步，作一个小小的结束；他们是语言进步的产儿，并不是语言进步的原动力。……至于民间日用的白话，正因为文人学者不去干涉，故反能自由变迁，自由进化。（《国语的进化》，二五八面）

自由变迁之中，"却有个条理次序可寻；表面上很像没有道理，其实仔细研究起来，都是有理由的"；"都是改良，都是进化！"（二五八面）"白话是古文的进化呢？还是古文的退化呢？"——这个问题"是国语运动的生死关头！这个问题不能解决，国语文与国语文学的价值便不能确定"。（二五二面）唯其白话是进化的，它的应用的能力在不断地增加着，所以"国语的文学"才能成立和发展。胡先生教我们"莫要看轻了那些无量数的'乡曲愚夫，闾巷妇稚'，他们能做那些文学专门名家所不能做又不敢做的革新事业！"（二六七面）那是不错的。可是话说回来，要使国语成为"文学的国语"，还得"那些文学专门名家"努力做去。胡先生教人"努力去做白话的文学"，"尽量采用《水浒传》《西游记》《儒林外史》《红楼梦》的白话"，再用今日的白话和文言来补助。这便是到"文学的国语"的路。但他后来叙述《文学革命运动》，提到"直译的方法，严格地尽量保全原文的文法与口气"，说"这种译法，近年来很有人仿效，是国语的欧化的一个起点"（二八九面）。他至少不反对"国语的欧化"。到了现在，这已经从"一个起点"发展为一个不可抵抗的趋势，成了到"文学的国语"的一条大路了。

胡先生的文学革命论"只是进化论和实验主义的一种实际应用"（《介绍我自己的思想》，一八面），他的整理国故也"不过是赫胥黎、杜威的思想方法的实际应用"（同上，二一面）。他在《新思潮的意义》里道：

现在有许多人自己不懂得国粹是什么东西，却偏要高谈"保存国粹"。……这种人如何配谈国粹？若要知道什么是国粹，什么是国渣，先须要用评判的态度，科学的精神，去做一番整理国故的功夫。（六七面）

他说明整理国故的意义道：

整理就是从乱七八糟里面寻出一个条理脉络来；从无

头无脑里面寻出一个前因后果来；从胡说谬解里面寻出一个真意义来；从武断迷信里面寻出一个真价值来。为什么要整理呢？因为古代的学术思想向来没有条理，没有头绪，没有系统，故第一步是条理系统的整理。因为前人研究古书，很少有历史进化的眼光的，故从来不讲究一种学术的渊源，一种思想的前因后果，所以第二步是要寻出每种学术思想怎样发生，发生之后有什么影响效果。因为前人读古书，除极少数学者以外，大都是以讹传讹的谬说……故第三步是要用科学的方法，作精确的考证，把古人的意义弄得明白清楚。因为前人对于古代的学术思想，有种种武断的成见，有种种可笑的迷信……故第四步是综合三步的研究，各家都还他一个本来真面目，各家都还他一个真价值。（六六至六七面）

评判的态度，科学的精神以及这四个步骤，正是"赫胥黎、杜威的思想的实际应用"。

胡先生说："'国故'这个名词，最为妥当；因为他是一个中立的名词，不含褒贬的意义。'国故'包含'国粹'，但他又包含'国渣'。我们若不了解"国渣"，如何懂得'国粹'？"（三二〇至三二一面）他道：

"国学"在我们的心眼里，只是"国故学"的缩写。中国的一切过去的文化历史，都是我们的"国故"；研究这

> 一切过去历史文化的学问，就是"国故学"，省称为"国学"。……所以我们现在要扩充国学的领域，包括上下三四千年的过去文化，打破一切的门户成见，拿历史的眼光来整统一切，认清了"国故学"的使命是整理中国一切文化历史，便可以把一切狭陋的门户之见都扫空了。（《〈国学季刊〉发刊宣言》，三二〇至三二一面）

又道：

> 历史是多方面的：单记朝代兴亡，固不是历史；单有一宗一派，也不成历史。过去种种，上自思想学术之大，下至一个字，一只山歌之细，都是历史，都属于国学研究的范围。（同上，三二二面）

胡先生用历史的眼光将整理国故的范围扩大了（参看三三五面）。他"要教人知道学问是平等的，思想是一贯的"（《介绍我自己的思想》，二三面引《文存》三集里的话）。他的《几十万字的小说考证》（《介绍我自己的思想》，二一面）都是本着这个意思写的。他的《中国古代哲学史》和《白话文学史》上卷，固然是划时代的，这些篇旧小说的考证也是划时代的。而将严格的考据方法应用到小说上，胡先生是第一个人。他的收获很多，而开辟了一条新路，功劳尤大。这扩大了也充实了我们的文学史。

这些小说考证的本身价值是不朽的。胡先生在《红楼梦考证》的末尾道：

> 我自信：这种考证的方法，除了（孟莼荪先生的）《董小宛考》之外，是向来研究红楼梦的人不曾用过的，我希望这一点小贡献，能引起大家研究红楼梦的兴趣，能把将来的红楼梦研究引上正当的轨道去：打破从前种种穿凿附会的"红学"，创造科学方法的红楼梦研究！（四一二面）

这便是这种考证本身的价值。但胡先生更注重"这种考证的方法"，也就是科学方法，他说：

> 少年的朋友们，莫把这些小说考证看作我教你们读小说的文字。这些都只是思想学问的方法的一些例子。在这些文字里，我要读者学得一点科学精神，一点科学态度，一点科学方法。科学精神在于寻求事实，寻求真理。科学态度在于撇开成见，搁起感情，只认得事实，只跟着证据走。科学方法只是"大胆的假设，小心的求证"十个字。没有证据，只可悬而不断；证据不够，只可假设，不可武断；必须等到证实之后，方才奉为定论。（《介绍我自己的思想》，二四面）

胡先生的考证文字里创见——"大胆的假设"——颇多，

可是真能严格地做到"搁起感情，只认得事实，只跟着证据走"，真能严格地做到"大胆的假设，小心的求证"十个字的，似乎得推这些小说考证为最。他在《红楼梦考证》里道："自从我第一次发表这篇考证以来，我已经改正了无数大错误了——也许有将来发见新证据后即须改正的"（四一二面）。又在《介绍我自己的思想》里举曹雪芹的生卒年代问题作例，说"考证两个年代，经过七年的时间，方才得着证实"（二一至二三面）。这才真是"小心的求证"。这种小说考证，高中学生乍一翻阅，也许觉得深奥些。其实只是生疏些。若能耐心顺次读下去，相信必会迎刃而解，他们终于会得着受用的。

胡先生的小说考证还有一个重大的影响，便是古史的讨论。这是二十年来我们学术界一件大事，发难的是顾颉刚先生。胡先生道：

> 顾颉刚先生在他的《古史辨》的自序里曾说他从我的《水浒传考证》和《井田辨》等文字里得着历史方法的暗示。这个方法便是用历史演化的眼光来追求每一个传说演变的历程。我考证水浒的故事、包公的传说、狸猫换太子的故事、井田的制度，都用这个方法。顾先生用这方法来研究中国古史，曾有很好的成绩。（《介绍我自己的思想》，二〇面）

水浒的故事、包公的传说、狸猫换太子的故事，都是小说考证。顾先生自己承认从这些文字和《井田辨》里得着历史方法的暗示，正见得"学问是平等的，思想是一贯的"。本书选了一篇《古史讨论的读后感》，胡先生说在他的"《文存》里要算是最精彩的方法论"。"这里面讨论了两个基本方法：一个是用历史演化的眼光来追求传说的演变，一个是用严格的考据方法来评判史料。"（《介绍我自己的思想》，一九至二〇面）这第一个方法便是顾先生《古史辨》自序里所提到的。他用这方法研究中国古史，得到"层累地造成的古史"这个中心的见解。顾先生自己说"层累地造成的古史"有三个意思：

一、可以说明时代愈后，传说的古史期愈长。

二、可以说明时代愈后，传说中的中心人物愈放愈大。

三、我们在这上，即不能知道某一件事的真确的状况。也可以知道某一件事在传说中的最早状况。（三四〇面）

胡先生将他的方法的细节总括成下列的方式：

一、把每一件史事的种种传说，依先后出现的次序排列起来。

二、研究这件史事在每一个时代有什么样子的传说。

三、研究这件史事的逐渐演进：由简单变为复杂，由陋野变为雅驯，由地方的（局部的）变为全国的，由神变为人，由神话变为史事，由寓言变为事实。

四、遇可能时，解释每一次演变的原因。（三四二面）

关于第二个基本方法，就是评判史料的方法，这篇文字里举出五项标准。胡先生道：

我们对于"证据"的态度是：一切史料都是证据。但史家要问：（一）这种证据是在什么地方寻出的？（二）什么时候寻出的？（三）什么人寻出的？（四）依地方和时候上看起来，这个人有做证人的资格吗？（五）这个人虽有证人资格，而他说这句话有作伪（无心的，或有意的）的可能吗？（三四五面）

研究古史，高中学生的程度是不够的，他们知道这一些轮廓也就行了。

（六）

《文学革命运动》写于民国十一年，胡先生在这段文字里论到"五年以来白话文学的成绩"，指出四个要点。第三是："白话散文很进步了。长篇议论文的进步，那是显而易见的。"（二九九至三〇〇面）他自己的文字便是很显著的例子。他早就"自信颇能用白话作散文"（二三四面引民国五年答任叔永先生的信），他的自信是不错的。他的散文，特别是长篇议论文，自成一种风格，成就远在他的白话诗之上。他的长篇议论文尤其是白话文的一个大成功。一方面"明白清楚"，一方面"有力能动人"，可以说是"达意达得好，表情表得妙"。胡先生以为"达意达得好，表情表得妙"的便是文学。文学有三个要件：一是"懂得性"，便是"明白清楚"；二是"逼人性"，便是"有力能动人"；三是"美"，是前二者"加起来自然发生的结果"（见《什么是文学》《文存》，参看本书一九六面）。这个文学的界说也许太广泛些，可是，他的散文做到了他所说的。他在民国七年说过，我们今日所用的"标准白话"都是《水浒传》《西游记》《儒林外史》《红楼梦》几部白话的文学定下来的。他的文字用的就是这种"标准白话"。如"好汉"（《介绍我自己的思想》，二四面），"顶天立地的好汉"（一二三面），"列位"（一九七面），"一言表过不提"（一六七面），"一笔表过，且说正文"（一九三面）等旧小说套语，他有时都还用着。但他那些长篇议论文在发展和组织方面，受梁启超先生等的"新文体"的影响极大，而"笔锋常带情感"，更和梁先生有异曲同工之妙。

在《介绍我自己的思想》里，胡先生说他的《易卜生主义》那篇文章"在民国七八年间所以能有最大的兴奋作用和解放作用，也正是因为它所提倡的个人主义在当日确是最新鲜又最需要的一针注射"（八面）。这种"最大的兴奋作用和解放作用"一方面也由于他那带情感的笔锋。他那笔锋使他的别的文字也常有兴奋的作用，所谓"有力能动人"。他那笔锋是怎样带情感的呢？我们分析他的文字，看出几种他爱用的格调。第一是排语，翻开本书，几乎触目都是的，上面引文里也常见。这里且抄几个例。如《介绍我自己的思想》的最后：

> 抱着无限的爱和无限的希望，我很诚挚地把这一本小书贡献给全国的少年朋友！（二五面）

又如：

> 我要教人疑而后信，考而后信，有充分证据而后信。（《介绍我自己的思想》，二三面引《文存》三集）
>
> 因为我们从不曾悔过，从不曾彻底痛责自己，从不曾彻底认错。（一八八面）
>
> 我这几年来研究欧洲各国国语的历史，没有一种国语不是这样造成的。没有一种国语是教育部的老爷们造成的。没有一种是言语学专门家造成的。没有一种不是文学家造成的。（一九九面）

又如：

> 诸位，千万不要说"为什么"这三个字是很容易的小事。你打今天起，每做一件事，便问一个为什么——为什么不把辫子剪了？为什么不把大姑娘的小脚放了？为什么大嫂子脸上搽那么多的脂粉？为什么出棺材要用那么多叫

花子？为什么娶媳妇也要用那么多叫花子？为什么骂人要骂他的爹妈？为什么这个？为什么那个？——你试办一两天，你就会觉得这三个字的趣味真是无穷无尽，这三个字的功用也无穷无尽。(《新生活》五三面)

又如《易卜生主义》里：

这种理想是社会所最忌的。大多数人都骂他是"捣乱分子"，都恨他"扰乱治安"，都说他"大逆不道"；所以他们用大多数的专制威权去压制那"捣乱的理想志士，不许他开口，不许他行动自由；把他关在监牢里，把他赶出境去，把他杀了，把他钉在十字架上活活地钉死，把他捆在柴草上活活烧死。(一二四面)

排语连续地用同样的词和同样的句式，借着复沓与均齐加急语气，加强语气，兴奋读者的情感。

第二是对称。上面所抄《新生活》一段，可以作例。此外如：

但是列位仔细想想便可明白了。(一九七面)

你们嫌我用"圣人"一个字吗？(一六○面)

他(指"假设")若不来时，随你怎样搔头抓耳，挖尽心血，都不中用。(二九面)

又如：

> 有人对你说，"人生如梦"。就算是一场梦罢，可是你
> 只有这一个做梦的机会，岂可不振作一番，做一个痛痛快
> 快轰轰烈烈的梦？
>
> 有人对你说，"人生如戏"。就说是做戏罢，可是，吴
> 稚晖先生说的好，"这唱的是义务戏，自己要好看才唱
> 的；谁便无端地自己扮作跑龙套，辛苦地出台，止算作没
> 有呢？"
>
> 其实人生不是梦，也不是戏，是一件最严重的事实。
> 你种谷子，便有人充饥；你种树，便有人砍柴，便有人乘
> 凉；你拆烂污，便有人遭瘟；你放野火，便有人烧死。你
> 种瓜便得瓜，种豆便得豆，种荆棘便得荆棘。
>
> 少年的朋友们，你爱种什么？你能种什么？（《介绍我
> 自己的思想》，一三面）

末一节不但用对称，并且同时在用排语。又如上文引过的
"自从这个'拿证据来'的喊声传出以后"（一二面）一语中的
"拿证据来"也是对称，不过用法变化罢了。对称有如面谈，语
气亲切，也是诉诸读者的情感的。

第三是严词。古语道，"疾恶如仇"，严词正是因为深嫉的
缘故。如：

自由平等的国家不是一群奴才建造得起来的。(《介绍我自己的思想》,一○面)

这样又愚又懒的民族,成了一分像人九分像鬼的不长进民族。(同上,一五面)

空谈好听的"主义",是极容易的事,是阿猫阿狗都能做的事,是鹦鹉和留声机器都能做的事。(三二面)

又如:

坐禅主敬,不过造成许多"四体不勤,五谷不分"的废物!(一四九面)

《晋书》说王衍少时,山涛称赞他道,"何物老妪,生宁馨儿!"后来不通的文人把"宁馨"当作一个古典用,以为很"雅"很"美"。其实"宁馨"即是现在苏州上海人的"那哼"。但是这班不通的文人一定说"那哼"就"鄙俗可嗾"了!(二五七面)

和严词相近的是故甚其词。故甚其词,唯恐言之不尽,为的是表达自己深切的信仰。如:

至于钱(静方)先生说的纳兰成德的夫人即是黛玉,似乎更不能成立。……钱先生引他(成德)的悼亡词来附会黛玉,其实这种悼亡的诗词在中国旧文学里,何止几千

首？况且大致都是千篇一律的东西。若几首悼亡词可以附会林黛玉，林黛玉真要成"人尽可夫"了！（三六四面）

这是不信。又如：

> 我……到了哈尔滨。在此地我得了一个绝大的发现；我发现了东西文明的交界点。
>
> ……
>
> 我到了哈尔滨，看了"道里"与"道外"的区别，忍不住叹口气，自己想道：这不是东方文明与西方文明的交界点吗？东西洋文明的界线只是人力车文明与摩托车文明的界线——这是我的一大发现。（一五八、一五九面）
>
> 我们当此时候，不能不感谢那发明蒸汽机的大圣人，不能不感谢那发明电力的大圣人，不能不祝福那制作汽船汽车的大圣人。……你们嫌我用"圣人"这个字吗？孔夫子不说过吗？"制而用之谓之器。利用出入，民咸用之谓之神。"孔老先生还嫌"圣"字不够，他简直要尊他们为"神"呢！（一六〇面）

这些是信仰。为了强调这些信仰，所以"忍不住"故甚其词——后一节同时在用排语。还有：

> 我们可以大胆地宣言：西洋近代文明绝不轻视人类的

精神上的要求。我们还可以大胆地进一步说：西洋近代文明能够满足人类心灵上的要求的程度，远非东洋旧文明所能梦见。(一四二面)

我可以武断地说：美国是不会有社会革命的，因为美国天天在社会革命之中。(一六五面)

这些信仰，胡先生是有充分证据的。他用"大胆地""武断地"只是为了强调他的信仰。他仿佛在说："即使你们觉得我的证据不充分，我还是信仰这些。"

胡先生在运用带情感的笔锋，却不教情感朦胧了理智，这是难能可贵的。读他的文字的人往往不很觉得他那笔锋，却只跟着他那"明白清楚"的思路走。他能驾驭情感，使情感只帮助他的思路而不至于跑野马。但他还另有些格调，足以帮助他的文字的明白清楚。如比喻就是的。比喻是举彼明此，因所知见所不知，可以诉诸理智，也可以诉诸感情。胡先生用的比喻差不多都是前者。例如：

科学家明知真理无穷，知识无穷，但他们仍然有他们的满足：进一寸有一寸的愉快，进一尺有一尺的满足。(一四四面)

这种种过去的"小我"和种种现在的"小我"，和种种将来无穷的"小我"，一代传一代，一点加一滴；一线相传，连绵不断；一水奔流，滔滔不绝：这便是一个"大

我"。（一〇五面）

又如《易卜生主义》里：

> 社会国家是时刻变迁的，所以不能指定哪一种方法是救世的良药：十年前用补药，十年后或者须用泻药了；十年前用凉药，十年后或者须用热药了。（一三五面）

这些同时在用排语。又如：

> 真理是深藏在事物之中的；你不去寻求探讨，他绝不会露面……"自然"是一个最狡猾的妖魔，只有敲打逼拶可以逼他吐露真情。（一四三面）
>
> 考证的方法好有一比，比现今的法官判案，他坐在堂上静听两造的律师把证据都呈上来了，他提起笔来，宣判道：某一造的证据不充足，败诉了；某一造的证据充足，胜诉了。他的职务只在评判现成的证据，他不能跳出现成的证据之外。实验的方法也有一比，比那侦探小说里的福尔摩斯访案：他必须改装微行，出外探险，造出种种机会来，使罪人不能不呈献真凭实据。他可以不动笔，但他不能不动手动脚，去创造那逼出证据的境地与机会。（四八四面）

又如：

> 到现在他（指人）居然能教电气给他赶车，以太给他
> 送信了。（九五面，参看一四五面）

这也同时在用排语。以上三例都是有趣味的比喻。还有
《易卜生主义》里：

> 社会对个人道："你们顺我者生，逆我者死；顺我者有
> 赏，逆我者有罚。"（一二二面）

这是将"社会"人化，也是一种比喻。这种种比喻虽也诉
诸情感，但主要的作用还在说明。其实胡先生所用的种种增强
情感的格调，主要的作用都在说明，不过比喻这一项更显而易
见罢了。

文字的"明白清楚"，主要的还靠条理。条理是思想的秩
序。条理分明，读书才容易懂，才能跟着走。长篇议论文更得
首尾一贯，最忌的是"朽索驭六马，游骑无归期"。胡先生的文
字大都分项或分段；间架定了，自然不致大走样子。但各项各
段得有机地联系着，逻辑地联系着，不然还是难免散漫支离
的毛病。胡先生的文字一方面纲举目张，一方面又首尾连贯，
确可以作长篇议论文的范本。有些复杂的题材，条理不但得
分明，还得严密，那就更需要组织的力量。本书中如《问题

与主义》（二）、《新思潮的意义》、《我们对于西洋近代文明的态度》、《红楼梦考证》及《附录》，都头绪纷繁，可是写来条分缕析，丝毫不乱，当得起"严密"两个字。长篇议论文的结尾，最应注重，有时得提纲挈领，总括全篇，给读者一个简要的观念，帮助他的了解和记忆。如《不朽》的末尾说，"以我个人看来，这种"社会的不朽'观念很可以做我的宗教了。"接着道：

> 我的宗教的教旨是：
>
> 我这个现在的"小我"，对于那永远不朽的"大我"的无穷过去，须负重大的责任；对于那永远不朽的"大我"的无穷未来，也须负重大的责任。我须要时时想着，我应该如何努力利用现在的"小我"，方才可以不辜负了那"大我"的无穷过去，方才可以不贻害那"大我"的无穷未来？（一一〇面）

又如《新思潮的意义》的结尾：

> 这是这几年新思潮运动的大教训！我希望新思潮的领袖人物以后能了解这个教训，能把全副精力贯注到研究问题上去；能把一切学理不看作天经地义，但看作研究问题的参考材料；能把一切学理应用到我们自己的种种切要问题上去；能在研究问题上面做输入学理的功夫；能用研究

问题的功夫来提倡研究问题的态度，来养成研究问题的
人才。

　　这是我对于新思潮运动的解释。这也是我对于新思潮
将来的趋向的希望。（六四面）

《易卜生主义》的结尾最为特别：

　　他（易卜生）仿佛说道："人的身体全靠血里面有无
量数的白血轮时时刻刻与人身的病菌开战，把一切病菌
扑灭干净，方才可使身体健全，精神充足。社会国家的
健康也全靠社会中有许多永不知足，永不满意，时刻与
罪恶分子、龌龊分子宣战的白血轮，方才有改良进步的
希望。我们若要保卫社会的健康，须要使社会时时刻刻
有斯铎曼医生一般的白血轮分子。但使社会常有这种白
血轮精神，社会绝没有不改良进步的道理。"（一三五至
一三六面）

　　接着还引译了易卜生给朋友的信里的一节话，说社会的少
数人"总是向前去"，多数人总是赶不上。这更是好整以暇，笔
有余妍了。

　　有人说胡先生太注重"明白清楚"，有时不免牺牲了精细和
确切，说他有时不免忽略了那些虽然麻烦却有关系的材料或证
据。即如《易卜生主义》那篇，在民国七八年间虽曾"有最大

的兴奋作用和解放作用"，后来却就有人觉得粗浅了。他有一些
整理国故的文字，有人觉得也不免粗浅的地方。胡先生是文学
革命和思想革命的领袖，他的文字不能不注重宣传的作用，他
偏重"懂得性"，也是当然。他的文字可没有一般宣传的叫嚣
气；他的议论、他的说明都透彻而干脆，没有一点渣滓。——
他所谓"长篇议论文"包括说明文而言。——就是这些，尽够
青年学生学的。况且精细确切的文字，胡先生也常有，上节所
举《问题与主义》（二）等四篇便是的，而《红楼梦考证》及
《附录》更见如此。高中学生学习议论文和说明文，自然该从条
理入手。比喻也练习。至于那些增强情感的格调，用时却得斟
酌。大概排语不妨随便用，只要不太多不太板就成。胡先生用
对称，虽是为了亲切，却带着教训的口气。青年学生用不到教
训的口气，只消就亲切上着眼。但得留意，对称也容易带轻佻
的口气，轻佻就失了文格了。故甚其词可以用，但得配合上下
文的语气，才觉自然。严词能够不用最好；胡先生的严词有时
也还不免有太过的地方。——这些年很有些人攻击胡先生的思
想，青年学生以耳代目，便不大去读他的书。这不算"一个不
受人惑的人"。胡先生说过：

> 就是那些反对白话文学的人，我也奉劝他们用白话来
> 做文字。为什么呢？因为他们若不能做白话文字，便不配
> 反对白话文学。（二〇四面）

这是"评判的态度"。青年学生若不读胡先生的书，也不配反对他的思想。况且就是反对他的思想，他的文字也还是值得学的。无论赞成胡先生的思想的也罢，反对他的也罢，我们奉劝高中学生先平心静气地细读这本书。

图书在版编目（CIP）数据

半亩方塘：朱自清谈读书 / 朱自清著 . -- 北京：
中国文史出版社，2022.1

ISBN 978-7-5205-3322-5

Ⅰ . ①半… Ⅱ . ①朱… Ⅲ . ①读书方法 Ⅳ .
① G792

中国版本图书馆 CIP 数据核字（2021）第 221071 号

出 品 人：刘未鸣　段　敏
责任编辑：牛梦岳

出版发行　中国文史出版社

社　　　址：北京市海淀区西八里庄路 69 号院　　邮编：100142

电　　　话：010-81136606　81136602　81136603（发行部）

传　　　真：010-81136655

印　　　装：北京新华印刷有限公司

经　　　销：全国新华书店

开　　　本：787mm×1092mm　1/32

印　　　张：10

字　　　数：199 千字

版　　　次：2022 年 4 月第 1 版

印　　　次：2022 年 4 月第 1 次印刷

定　　　价：62.80 元